シリーズ情熱の日本経営史⑦

佐々木 聡 監修

世界を驚かせた技術と経営

服部金太郎
セイコーグループ

松下幸之助
松下グループ

平本 厚 著

芙蓉書房出版

はじめに

現代の日本経済はモノ作りで有名です。高度な技術、高い品質で世界に多くのものを輸出して、「ハイテク日本」といわれたりしています。

しかし、日本が高度な技術で有名になったのはそう昔のことではありません。今から八〇年ほど遡れば、日本は綿紡績や製糸業など主に繊維産業を中心とする国でした。日本の近代化は、賃金が低いことが競争上大きな意味をもつような、こうした労働集約的な産業を中心に行われていったのでした。戦後になっても、「繊維」は日本の輸出で最大のシェアを占め続け、「機械」に抜かれるのはようやく一九六〇年になってからのことです。

日本は一九七〇年代くらいから先端的な技術による製品で有名になるようになりました。それでは、そのころにそうした先端的な産業は勃興したのでしょうか。そうではありません。長年、繊維産業や造船業、鉄鋼業などの主導的で大規模な産業の陰に隠れていましたが、実は日本の近代化の初めのころから精密機械や電気機器などの、当時としては最先端技術に挑戦する人たちがいました。そうした、企業家や研究者、技術者、技能者、労働者たちの長年の努力のうえに今日の「ハイテク日本」はあります。

そうした人々の長年の努力は、あるところで世界水準を抜く優秀な製品として結実しました。それまで後れていると思われた日本から、先端技術で世界をリードする企業、産業が現れます。それは世界の人々には大きな驚きでした。

ここでは、そうした人たちの代表的な存在として、セイコー・グループの創業者である服部金太郎とパナソニックを創業した松下幸之助をとりあげます。長い間、時計といえばスイス、家電やエレクトロニクスといえばアメリカが世界をリードしていました。日本はもちろん、他の国々も彼らに長い間、かないませんでした。しかし、一九八五年には日本の腕時計生産はスイスのそれの四倍にも達しましたし、アメリカのカラーテレビ市場では日系メーカーのシェアが三七%にも達しました。日本産業は、スイスとアメリカを追い抜いたのです。どうしてそんなことが可能だったのでしょうか。ここでは、それを二人の企業家の人生を振り返ることでみていきたいと思います。

この二人は、時計と電気という、当時の日本では時代を代表する最先端技術にとりくんだのでした。しかし、彼らは大学のような高等教育を受けた人ではありませんでした。また、工学的な知識をもっていたわけでもありませんでした。ともに商家の丁稚奉公(関東では「小僧」といいます)から身を起した人でした。およそそうした試みにはふさわしくない境遇にいたのでした。しかし、日々の奉公の暮しのなか、将来を考えたその夢のなかに当時のハイテクに挑むという志が芽生えたのでした。後に何万人もの人が働くことになる大事業は、つらい奉公の日々を過ごす少年の胸のなかから生れたのです。

二人に多くの困難が待ち受けていたのは当然でした。困難は、しかも、技術的なギャップとかお金が足りないなど、普通に考えられるものばかりではありませんでした。様々な苦難が襲ってきます。いちおう事業がある程度、成功した後にも、事業の喪失の危機や破綻の危機がやってきます。しかし、二人はあきらめず、困難を克服し、事業を続けていきました。

一般に、大成した事業を後から振り返ると、ともすれば成功物語になりがちです。困難が強調されても、その人たちの努力や能力を際立たせる道具立てになってしまいがちで、成功は必然的だったように描かれる傾向が強いように思います。しかし、実情はおそらくそうではなかった場合が多いでしょう。二人の場合も、困難はそう単純ではなく、しかも一回、成功してしまえばあとは順調だったというわけでもありませんでした。事業の立ち上げにともなう困難、それが伸びていくときの思わぬ落とし穴、様々な障害が行く手に現れます。幾つか失敗もしています。心が揺らぐ瞬間もありました。時には好運としかいいようのないこともありました。事業の大成は、そう単純な道のりではありませんでした。ここでは、そうした困難を乗りこえてやがて世界に技術的に高度で優秀な日本製品を印象づけるにいたる二人の軌跡を追いたいと思います。

情熱の日本経営史⑦

世界を驚かせた技術と経営

目次

松下幸之助

情熱の日本経営史⑦

世界を驚かせた技術と経営

服部 金太郎

一小商店主が抱いた時計国産化の夢

はっとりきんたろう
万延元（一八六〇）年十月九日、江戸京橋采女町に生まれ、昭和九（一九三四）年三月一日没する。商家の奉公人から時計店主として独立。時計の国産化を目指し、精工舎を設立。腕時計国産化に成功、「東洋の時計王」と呼ばれ、世界のセイコーの礎を築く。

第一章　奉公の日々

一、銀座と時計

銀座のシンボル

「銀座[*]」というと、皆さんはなにを思い浮かべられるでしょうか。銀座はもともと江戸時代の銀貨の鋳造・発行機関でしたから、日本史を学習した中学生や高校生ならまずそれを思い浮かべられるでしょう。実は銀座は、その後明治に入って大火で焼けて、政府の監督のもとにヨーロッパの都市のような煉瓦街[*]が建設されましたから、文明開化のシンボルとしてそのガス灯や並木道について勉強された方も多いでしょう。あるいは、大正から昭和にかけては東京を代表する繁華街となりましたから、高齢の方なら「銀ブラ」（銀座の散策）という言葉を覚えておられるかもしれません。

しかし、今のとくに若い方なら、「銀座」といえば、四丁目角にある時計塔を思い浮かべる方が多いのではないでしょうか。だいたい、テレビなどで銀座が報道されるとき

銀座
東京都中央区にある繁華街。江戸時代、銀貨の鋳造・発行機関である「銀座」が置かれ、明治維新後の明治二年（一八六九年）東京府の町名となった。

煉瓦街
明治五年（一八七二年）二月の銀座大火をきっかけに銀座煉瓦街計画が立案された。歩車を分離し、街路樹・ガス灯を設け、家屋を煉瓦造にした。文明開化を象徴するような新しい事業が集って東京を代表する商店街に成長した。

現在の銀座4丁目角の和光の時計塔

17

セイコーグループ・服部金太郎

にはその時計塔が写されることが多いように思います。では、何故、銀座なら時計塔なのでしょうか。そもそも、どうして銀座に時計塔があるのでしょうか。駅や大学ならいざ知らず、繁華街に時計塔は必要なのでしょうか。どうしてそれが銀座のシンボルのようになっているのでしょうか。

実は、あの時計塔はこれからお話しする服部金太郎が建てたものなのです。服部金太郎は、今日のセイコー・グループの基を作り上げた人です。セイコーを知らない人はいないでしょう。あの時計塔は銀座のシンボルであると同時にセイコーの歴史を物語るものでもあるのです。これから服部金太郎の生涯やその事業を振り返りますが、そうすると何故、「銀座に時計塔か」もお分りいただけると思います。

文明開化と時計塔

服部金太郎の話に入る前に、簡単に「時計」のことについてお話しておきましょう。実は昔は、東京の繁華街には多くの時計塔がありました。もちろん、駅や大学などに多かったのですが、服部金太郎のように時計店が建てた時計塔も多かったのです。それは、明治期には、時計は「文明開化」の象徴的な存在だったからです。時計塔は、もちろん時刻を知るという本来の目的もありますが、エキゾチックで目新しい存在であっただけ

和時計
日本の時計職人たちは、昼間用と夜間用の異なった時間単位に時計を合わせるための独特な工夫を重ね、日本の不定時法に合わせた時計を開発した。それを和時計という。

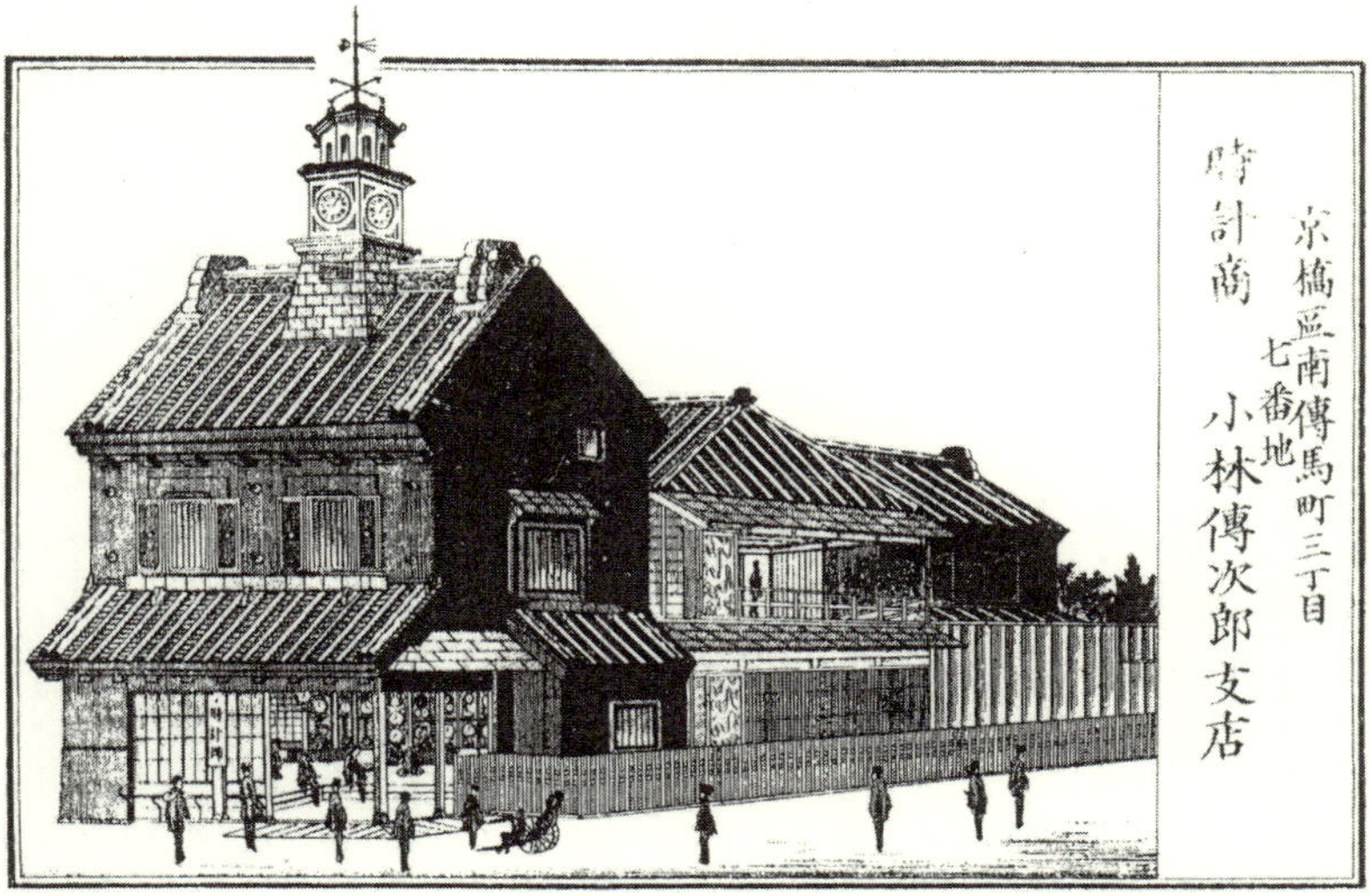

小林時計店本店の時計塔。時計塔は明治の初めから軍隊、学校、時計店などに設置された。文明開化のシンボル、街の名所でもあり、また、人々の道しるべとしても親しまれた。(『東京盛閣図録』)

に、時計店などには最適な看板となり、通行人の目標としても新しい名物となったのでした。樋口一葉の「たけくらべ」をはじめ、当時の小説などには時計塔がでてくるものが少なくありません。目新しい「文明開化」の象徴でもあったのです。

では何故、時計は「文明開化」の象徴的な存在だったのでしょうか。それは当たり前のようでいて、実は少し複雑です。時計、つまり機械時計が日本に入ってきたのはこの時が最初ではないからです。そもそも機械時計は一三世紀末にヨーロッパに出現したといわれていますが、日本に入ってきたのは、一五五一年に宣教師フランシスコ・ザビエルが大内義隆に献上したのが最初であるとされています。戦国時代にはもう機械時計は日本に入ってきていたのです。

しかし、江戸時代にはその外来の機械時計は、日本の風土と文化に対応して独特の改良を加えて「和時計*」というものになりました。当時の日本の人々が暮らす時間システムは「不定時法*」と呼ばれるものです。夜明けと日暮れを基本にして、昼と夜の時間をそれぞれ六等分し十二支の名前で呼ぶシステムでした。したがって、夏の昼の一単位は夜のそれより長く、冬はその逆になります。つまり、一単位時間は季節によって（厳密にいえば毎日）違っていたのでした。逆に日暮れの時間は今日では毎日違いますが、当時はつねに「暮六つ」でした。幽霊は当時はつねに「丑三つ時」にでればよかったのですが、今の時間でいえば、彼女はつねに違った時間にでなければなりません。

　これにたいしてヨーロッパの機械時計が刻む一単位時間は常に同じ長さでしたから、そのままでは日本の人々の暮らしには合いません。両者を合わせるには、時計を変えるか、人々の時間を変えるかですが、江戸時代に行なわれたのは前者でした。昼と夜の異なった時間単位を刻むように機械そのものを変えたのです。それが「和時計」という独特に改良された機械時計でした。ヨーロッパの機械時計は中国などにも入りましたが、こうした現地の習慣に合わせて改良されたのは日本だけでした。

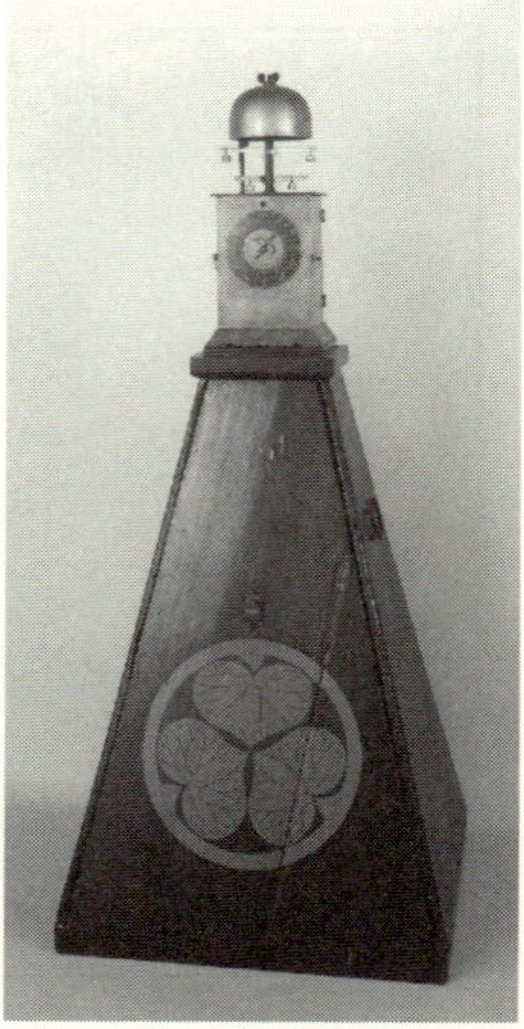

和時計。昼間用と夜間用の異なった時間単位に時計を合わせるための独特な工夫としては、速さを制御する部品であるテンプを二本にするなどがあった。種類としては、櫓時計、尺時計、枕時計などがあった。

不定時法
不定時法とは一日を最初に昼と夜とに分けて、それから昼夜をそれぞれに区切る時間の区切り方をいう。一方現在のように、昼、夜に関係なく一日を一定の長さの時間で細分する区切り方を定時法という。

ハイテク製品としての時計

ところが、明治になると逆になります。人々の時間システムの方を変えたのです。明治五年（一八七二年）の「改暦ノ布告」は、太陽太陰暦を太陽暦に改めたものですが、同時に一日の時の分割も欧米式に定時法の「時」としました。ヨーロッパでもそうですが、新しくできた鉄道の時刻表一つとってみても、不定時法は近代の人々の暮らしにとっては不便だからです。近代の人々にとっては、もはや昼と夜のリズムだけが大事なわけではなく、抽象的な一定の時間の方が重要でした。近代になると時間は、自然のリズムに依存するものではなく、能動的に人間が管理するものになりました。

こうして、時間システムが西欧化されたことから、その時間を示す時計の存在は人々の生活の西欧化の象徴になったわけです。古い不定時法の世界から新しい定時法の世界を示し、かつメカニックに動く時計は、「文明開化」の代表的な存在となったのでした。いわば、当時のハイテクの最先端の存在だったわけです。

しかしそうなると、それまでの不定時法の「和時計」は無用の長物となりました。しかも、この当時の欧米の時計は、以前のそれとは違って近代的な工業製品になっていました。職人による手工業生産であった「和時計」はその意味でも欧米の時計の敵ではありませんでした。時計は、もっぱら欧米から輸入されるものになったのでした。

こうした時代のなかに服部金太郎は生れ、ハイテク製品としての時計の国産化に挑むことになったのです。

二、生い立ち

服部家と金太郎の誕生

服部金太郎は、万延元年（一八六〇年）十月九日、現在の時計塔のある銀座四丁目角からほど近い京橋采女町（のちの銀座六丁目）で古物商「尾張屋」を営む父・服部喜三郎、母・はる子夫妻の長男として誕生しました（平野光雄『服部金太郎』）。このことが、後に時計塔が銀座のシンボルになる最初のきっかけでした。この商店名からも分るように、服部家はもと尾張（愛知県）名古屋に住む下級武士であったようですが、いつの頃からか、武士から商人になり、父の喜三郎は三男だったこともあってか、江戸にでてきて古物商を営むようになりました。喜三郎は、同業者間ではいちおう名の知れた商人だったようで、明治になってからは昼は采女町の自店で商い、夜になると銀座四丁目界隈に露店をだしていたといいます。

金太郎は、当時の子供の多くがそうしたように、八歳ころから京橋区南鍋町（のちの

明治初年頃の銀座（『写真集銀座』）

銀座五、六丁目あたり）にあった寺子屋「青雲堂」に入り、漢籍、習字、算盤（読み、書き、ソロバン）などを習いました。当時はまだ小学校はありませんから、これが普通の教育でした。金太郎は向学心が強く、みどころのある子供であったことは確かなようで、この私塾の塾長格のものから後継者に望まれたというエピソードが伝えられています。

奉公にあがる

金太郎は、明治五年（一八七二年）の春、数えで十三歳（以下、金太郎の年齢は数え年）のとき、京橋区八官町（のちの銀座八丁目）の洋品雑貨問屋・辻屋に奉公にあがりました。当時の商人の子弟としては奉公にでるのは自然でしたが、その奉公先が京橋（のち銀座）の辻屋であったことは、後の金太郎にとってはある意味で決定的な意味をもつことになります。

小林時計店。黒田清隆が店員を打擲する場面。店内に八角時計がみえる。
（石井研堂『少年工芸文庫　第15編時計』）

辻屋は辻粂吉が明治二年に創業した洋品雑貨問屋でしたが、辻粂吉はのちに直接、イギリスに行ったり、東京府下の同業組合の頭取（組合長）になるなど、この業界の先駆者の一人でのちに有力な商店となる業者でした。金太郎が奉公にあがった当時は、まだこの店は発展の途上にあったわけですが、金太郎はここで当時の最先端商品である輸入雑貨品の販売、取引の方法などについてふれることができたのでした。

金太郎の奉公ぶりは、忠実、機敏かつ勤勉だったので、主人はもとより、同僚の間でも評判がよく、誰からも愛される存在だったといいます。しかし、この店での奉公が二年に及ぶ頃、金太郎は奉公先をかえることを思いたちます。それは、この辻屋の二、三軒先にあったある商店の様子をいつも見聞きしていたことからある思いつきを得たからでした。

その店は時計店で、小林時計店といいました。小林時計店は、江戸時代の和時計製作史のうえで天才的な技能をうたわれた名工・小林伝次郎以来の時計商で、この当時は二代小林伝次郎の時代でしたが、有力な時計商でした。明治維新の元勲・黒田清隆がいつもこの店の前を通る時、自分の懐中時計の時間を確かめるために店に何時かと尋ねるのを日課としていましたが、ある日、その問いに応答がないばかりか店のものに嘲笑されたので、店内に押し入ってその者を散々に打ち据えたというエピソードが伝えられています。それだけ有名な時計商で辻屋の周辺にはこうした有力店が存在していたことが重要でした。

時計商の魅力

金太郎は、この小林時計店の商売の仕方に引きつけられたのでした。小林時計店では、時計の売買をしながら、修繕を行なっていました。時計商は、取引でも技能でも利益が得られるのが魅力でした。

後に金太郎は、「千円以下の小資本にて時計商を開業する法」として、修繕をかねることを勧め、勤勉な人がやはり成功するのだといっています。時計店なら修繕のウデがあって勤勉なら成功できるではないかと思ったのでした。また、同じように後に、「働くに就ては、成るべく有効に働かねばならぬと考え」たといっています。少しでも遊ぶことのない働き方ができるのも魅力でした。

また、時計店ならそう大きな資金がなくても開業できそうなことも重要でした。というのは、辻屋に奉公してはいましたが、辻屋のような洋品雑貨問屋を開業するには相当な資金が必要だったからでした。金太郎の実家は父・喜三郎が飲酒で身を持ち崩したといわれ、裕福とはいえませんでした。金太郎は向学心が強く、とくに漢書が好きだったので、ある時、父にその代金として二朱（一両の八分の一）をねだりましたが、父の財布にはその金がなかったといいます。「二朱の金に事欠きて奮然商人となり」と後にいっていますが、金太郎はその時、商人になってお金を貯めたいと強く思ったといいます。つまり、この頃の金太郎には、資金を要する事業は無理だったのです。

奉公先を変える

時計商なら小資本でもできるし、勤勉にやれる。成功するかもしれない。そう思うと、すぐに行動を起こすところが金太郎らしいところでした。後に金太郎は、「世の諺に、石の上にも三年と云う事があるけれども……私はこんな事では、決して身代を上げて行く訳には行かないと思って居た……日進月歩の今日では精々石の上に三日位なもので、私は三年などと云う長い間一つ事に辛抱して居る事が出来ない。少し宛でも進んで行き度いと思って居た」といっています。このときのことをいったわけではありませんが、辻屋に奉公してまだ二年しかたっていませんでした。

こういう挑戦的な考え方はとても現代的で、江戸時代の商人のそれとはかなり違ったものでした。江戸時代の商人の家訓では、一つの家業に専念すること、新しい商売に手をださないこと、商売替えをしないことなどが挙がっていることが多いのです。それだけ保守的なわけです。明治に入って「日進月歩の今日」になったことが、こうした考え方がでてくる素地となったといえるでしょう。あるいは、洋品雑貨問屋で成長の途上にあった辻屋での奉公自体がその考え方に影響したのかもしれません。

もちろん、金太郎は「石の上にも三年」の諺が戒めるようないわゆる辛抱ができない移り気の人とはまったく違います。それどころか、時計製造という一つのことに生涯を捧げることになることからも分るように、地道に努力を積み重ねることを実践した人です。その点では人に抜きんでていたといってよいでしょう。ここで「日進月歩の今日では精々石上に三日」というのは、辛抱するなということではなく、「少し宛でも進んで行き度い」、つまり、常に新しい革新（イノベーション）を目指したいという意味です。

金太郎は、父の許しをえて辻屋をやめ、時計店に奉公にいくことにしました。おそらく、当時の家族や奉公の制度のもとでは、父親に奉公先の変更を申し出たり、奉公先からその許可をもらうことはそう容易なことではなかったのではないかと想像されます。しかし、金太郎の決意は固かったのです。

三、時計の修行

時計店での奉公

金太郎の新しい奉公先は、日本橋区上槙町（のちの中央区日本橋通り三丁目あたり）の亀田時計店でした。明治七（一八七四）年、金太郎、十五歳のときです。ただ、当時の徒弟はみんなそうですが、奉公に入ってもすぐに時計の修理技能などを教えてもらえるわけではありません。店舗の掃除や使い走り、子守など、雑用をもっぱらこなすことになります。一般に、徒弟にとっては、技能や技術は親方のそれを盗むものであり、教えられるものではありませんでした。その雑用に辛抱できなくて去るものは見込みがなかったものとされたのです。

金太郎も、ここでは子守雑役に駆使されたと伝えられています。ただ、後の推移から想像すると、それでも時計技術の初歩は獲得できたのではないかと思われます。

亀田時計店での奉公は約二年続きましたが、明治九年、十七歳のとき、同店店主の都合で、下谷区黒門町（後の上野）の坂田時計店に奉公することになりました。この坂田時計店では、ただちに懐中時計の修理技能を習うことができました。金太郎の念願がかなったのです。また、時計販売についても学びました。

金太郎は、後に、「予が今日迄実行し来りし顧客吸収術」として、お客が買っても買わなくても親切にすること、お客を区別しないこと、お客と懇意になり、信用されること、他の店をみて良いところを学べ、お客がどういう店を好むかを勉強せよ、などを挙げていますが、「これは、私が小僧時代に主人から仕込まれたる呼吸を実際に応用したものだといっています。この「主人」が、辻屋なのか、亀田時計店なのか坂田時計店なのかは分りませんが、奉公の時代に顧客を第一とし、その信用を獲得することの重要性やそのニーズを汲み取ることの必要性を学んだことは、後の金太郎の事業を考えるとき、とても重要なことでした。

この坂田時計店での奉公は結局長く続きませんでしたが、おそらく金太郎にとっては実りの多い、楽しい時間ではなかったかと思われます。というのは、次のようなエピソードがあるからです。

主人の窮状に報いる

奉公した翌年の明治十（一八七七）年、坂田時計店はあろうことか倒産してしまったのです。店主の坂田が他の事業に失敗したことによるともいわれていますが、事情はと

服部金太郎は店主の坂田の窮状に自分が貯めてきた貯金を差し出した。当時の美談として関係者の間で語り継がれた。(『修養全集　第10巻立志奮闘物語』)

もあれ、時計技術の修行中であった金太郎にとっては、晴天の霹靂（へきれき）であったことは確実でしょう。人はこうした場合、まず、我が身を心配するのが当然でしょうが、このときの金太郎は違いました。時計店を去るにあたって金太郎は、店主の坂田にそれまで自分が数年の間、貯めてきた貯金七円をこれまで受けた恩への返礼として差し出したのです。

当時、東京の米穀の卸価格が一石（一〇〇升、一八〇リットル）五円五〇銭くらいでしたから、七円は決して少額ではありません。とくに奉公の身では貯めるのも容易ではなかったでしょうし、ましてや将来の開業のために準備してきた金太郎にとっては貴重なお金であったことは容易に想像がつきます。店主の坂田が感激したことはいうまでもありません。お金を差し出した金太郎も坂田も、感涙して言葉がなかったといいます。

このことは、当時、金太郎を知る人々の間で語り広められ、美談として後に残ることになりました。

第二章　開　業

一、独立する

修行の日々

　坂田時計店をやむをえず去ることになった金太郎ですが、住み込みの奉公をもはや続けることをしませんでした。自宅にもどって「服部時計修繕所」の看板をかかげて、中古時計の修理、販売を始めました。独立の始めですが、しかし、まだ、経営的に自立するのは困難であったと思われます。また、時計の修繕の技能を身につけるには五～六年はかかると金太郎自身が後にいっていますから、技能的にもまだ十分であったとはいえなかったでしょう。

　ほぼ同時に金太郎は、南伝馬町（後の京橋）の桜井時計店に通いで働くことになりました。この桜井清次郎は、明治初年以来の古い時計商で技術にかけては名人とうたわれた人でした。しかし、目を患っていて金太郎に援助を求めたものと思われます。ここで、金太郎は、二十円前後の給料を受け、時計技能にも磨きをかけました。また、金太郎は、優秀な時計技術で知られた下谷区黒門町の時計商・中山直正をときおり訪れて時計技術について教えを請いました。時計技術についての修行を続けていたのです。

中村正直の塾で学ぶ

このとき金太郎は、昼は桜井時計店で働きながら、夜学に通うことにしました。時計の修行や開業資金の貯蓄に懸命ではありましたが、向学心にもやみがたいものがあったからです。入ったのは、明治の啓蒙思想家として有名な中村正直*の私塾の同人社でした（小石川江戸川町大曲）。中村正直は、サミュエル・スマイルズの『自助論』を訳した『西国立志編』（明治四年）やジョン・スチュアート・ミルの『自由論』を訳した『自由の理』（明治五年）で有名な人で、それらはともに当時のベスト・セラーとなっていました。中村は儒学者でありながらキリスト教にも理解があり、個人の努力による成功や自由を尊重する、新しい時代の思想をリードした代表的な人でした。この同人社は、福沢諭吉の慶応義塾と並んで、当時、もっとも評判の高い学校で西洋文明の窓口だったのです。

同人社には英学、数学、支那学の三部があり、金太郎はおそらくその支那学科で漢籍

中村正直
天保三（一八三二）年〜明治二十四（一八九一）年。啓蒙思想家。昌平坂学問所で漢学を学び、幕末には英仏に留学。大蔵省翻訳御用や東大教授を務める。明治六（一八七三）年、東京・小石川の邸内に私塾同人社を開いた。

を勉強したものと思われますが、ここで多くの友人たちにめぐりあえたことはその後の金太郎にとって重要でした。そのなかには、後に明治期のキリスト教界で活躍する人々（星野光多、巌本善治）や実業界に進出する人々（植村澄三郎、大橋新太郎）がいました。友人たちとの交流を通じて、金太郎も「天はみずから助くるものを助く」（『西国立志編』の冒頭におかれた格言）という自助の考え方を強めていったとみてよいでしょう。

サミュエル・スマイルズ(1812〜1904)の『自助論』(セルフ・ヘルプ)は、中村正直によって『西国立志編』として翻訳され、明治時代の最大のベストセラーの一つとなった。出版部数は明治末年までに100万部に達した。

この塾でのエピソードに、金太郎が学業に熱心で優秀なのをみてある友人が、小さな商売はやめて官界にすすんだらどうかと勧めたところ、金太郎は奮然として、そうした官尊民卑的な考え方こそ自分が乗り越えようとしているものであり、それが間違っていることを自分は証明してみせると語句強く反論したというものがあります。友人たちは、この金太郎の態度を激賞したのでした。

ついに時計店を開業

こうして金太郎は、桜井時計店で給料をもらうかたわら、自宅では古時計の修理、販売を行ない、懸命に貯金に努めました。かくして四年、ようやく一五〇円の資金を準備することができ、それを元手に待望の時計店を開業することができたのでした。ときに明治十四（一八八一）年十二月、金太郎、二十二歳の暮れ、場所は、采女町の自宅にほど近いところでした。実際に見聞した人の思い出では、「誠に気の毒なほど貧弱な店ではあった」というささやかな店舗でしたが、それでもようやく念願の独立ができた金太郎の感激と覚悟は容易に想像することができます。金太郎は後にこの時のことを、「小さくても独立の商店、之れからはとにかく一家の主人、力限り根限り、天命の許す処まで運命を切り開いて天晴れ屈指の大商人になって見よう」と思ったと回顧しています。

また、ここで金太郎は、最初の妻であるはま子を亀田時計店から迎えました（ただし、明治十七年、離婚）。

二、「有功に働く」

昼働き、夜外出する

金太郎は、ますます懸命に働きました。質流れや古道具屋から時計を仕入れ、修繕して販売するというのが主な仕事でした。金太郎自身の言葉によれば、「働くに就ては、成るべく有功に働かなければならぬと考えて、昼は職業に従事し、夜は商いをして、十一時、十二時迄も働いた」といっています。昼は修繕や自店での商売に専念し、外出は夜ときめていました。昼間に人を訪ねれば自分も人も貴重な時間を無駄にするし、折角人を訪ねても留守の場合もあります。夜間ならそうしたことはありません。効率的に働くために、「夜間も成るべく遅く人の家を尋ねた」のでした。それに遅い時間に訪ねると、起きているのは相手の主人で一日の取引を纏めているという場合が多く、その方が値引いて仕入れやすいということもありました。

普通の人であれば、一応の生活ができるようになればそれで満足して相応の働き方しかしなくなります。また、他方では仕事以外のいろいろな愉しみもでてきます。かくして、時計の修繕、販売であれば、それだけを業として終わる人が大半でしょう。しかし、金太郎は違いました。夜は深夜まで懸命に働きましたし、遊廓通いや飲酒などといった当時の典型的な誘惑には一切、応じませんでした。ある時など、金太郎を誘惑しようと無理やり力づくで遊廓につれこまれそうになるのを、外套を脱いで脱出したといいます。

どうして金太郎はそんなに懸命に働いたのでしょうか。それは、単に商人として成功したいという思いだけではなく、ある具体的な大きな目標があったからでした。

大志を抱く

金太郎は次のようにいっています。

「その昔采女町に借家住いをして、其の日暮しをして居った時から、時計は日本で製造する事が出来そうなものだと云う考えを持って居た。で、何うしても日本で製造して見度いと思ったが、何しろ資金が無いから、先ず金を作らねばならぬと決心したのである。そして、何れ丈けの経費があれば製造する事が出来るかと云う事が分れば、有力な資本家に計って会社も建てる事が出来よう。が、只漠然に時計の原料は真鍮であるから、製造するには何の雑作も無く、且つ輸入するよりは安価に出来るだろう位に考えて居たから、人に計る事も出来なかったのである。其の日其の日をようように暮らして居る私が、時計を日本で製造する事を資本家に話をした処が、テンで話相手になって呉れそうもないところから、別に他人に打明ける事もなく、自分の資本で製造しようと決心して、夜昼兼行に働いたのである」

時計の国産化という大きな目標をこの当時から抱いていたのです。しかし、金太郎はそれを外部の資本家に呼びかけて事業を起こそうとはしませんでした。まだ、この明治十年代には本格的な時計工場は日本全国をみわたしてもありませんでした。有力な時計商が集まって、時計製造会社をたちあげたり、時計工場を作ったりし始めるのは、明治二十年代に入ってからで、名古屋や大阪で行なわれるようになります。まだ、このときにはそうした事業は行なわれていませんでしたし、たとえ行なわれていたとしても、金太郎のようなその日暮らしの時計店ではそれは不可能だったといってよいでしょう。金太郎は、そのことを誰にも打ち明けられず、ひたすら自分で資金を貯めていたのです。

災難

ところが、大きな災難が金太郎を襲います。火事と喧嘩は江戸の華といいますが、明治十六（一八八三）年の三月、近隣の炭屋から出火、金太郎の店舗も全焼してしまいます。このときのことを金太郎は、次のように振り返っています。

「私が初めて店を出したのは、十四年の秋であったが、それから今日迄（明治四十二年、金太郎四十九歳—引用者）、私の身に取って大打撃を受けたのは、十六年の冬に、近所の炭屋から出火して、ようよう働いて百五、六十円の資金と、二、三百円の商店とが出来た時に、ただ懐中時計一個を握って焼け出された事であるが、此の時は、世の富豪が何万円損失したよりも、尚ほ且つ落胆したのである」

大志をもって昼夜兼行で働いてきた金太郎の落胆は察するに余りあります。実は同じような災難は、この文章のあともう一度、金太郎にふりかかるのですが、このときはそのことはまだ分っていません。

金太郎は、しかし、くじけませんでした。明治十六年初夏には、銀座の表通りにほど近い、木挽町五丁目（現在の銀座松阪屋横を入ったあたり）に家をみつけ、時計店を再興したのです。明治十八年、ここで金太郎は、取引関係のあった時計店から妻・まんを迎えました。

30歳頃の服部金太郎

三、期限を守る

横浜に仕入れにいく

このころから金太郎は、横浜の外国商館*（当時、「浜の屋敷」といっていた）にでかけ、輸入の時計を直接、仕入れるようになりました。輸入時計を仕入れ、それを仲間の時計商に販売するのです。それまでの修繕、小売から卸売に進出したのでした。このころから自店には徒弟を採用し、修繕などはまかせて、自らは横浜での仕入れと販売に全力を注ぐようになりました。当時は、幕末の通商条約で外国人が居住し、商業活動ができるのは横浜などの開港場に限られていましたから、外国製品を仕入れるためには、横

横浜の外国商館
幕末の通商条約では、外国人は各開港場の特定の地域（居留地）に限って居住が認められ、そこで日本の商人と貿易ができた。外国商人は商館を建設し、取引を行った。明治三二（一八九九）年の条約改正で居留地は撤廃。

浜の外国商館にでかける以外なかったわけです。

そこでの時計の取引は、現金で買い取るか信用貸しで期日がきたら代金を払うかのどちらかでしたが、金太郎は信用貸しで取引した場合もその期日の支払いを違えることはありませんでした。そういうと当たり前のように感じられるでしょうが、当時は、そうではありませんでした。金太郎は、「今日（大正二年、金太郎五十三歳―引用者）では以前とは商習慣も改まり、一般に期日を重んずるようになって来たが、明治十七八年頃はそうではなかった」、「所謂『三十日明日』で今日は都合が悪いから明日払いますと言って、支払を一ヶ月後に延期しても、其れで済みたるもので何人も之を怪しまなかった」といっています。一般に、代金を盆、暮れに清算する慣行もながく続いていましたから、こうした商習慣も当然でした。江戸時代の商人の家訓でも、勤勉を説くものは多いのですが、納期など客との約束の時間を守るべしというようなものはないようです。支払期限についてはルーズだったわけです。

しかし、契約を重んじる西欧文化では、それは大変、問題でした。金太郎はいいます。「約束を守ると云うことは、外国人にとっては重大な道徳であったが、その頃までの日本人は、約束を守るなどと云うことに、きびしい良心をもっていなかったのである」。それにひきかえ、期日を守ってキチンと支払う金太郎を外商は高く評価したのでした。

金太郎が支払期限を厳守したのは、とくに外商の信用を得ようと思ってやったことで

明治期の横浜・本町通り

はなく、「自分が期日通りに返さなければ、貸した人はさぞ迷惑を感ずるであろう。即ち『己れの欲せざるものは之を人に施す勿れ』の金言を守って、期日には、必ず支払」ったのですが、その考えの背景には、中村正直の塾に通って西洋の道徳に早くから触れていたことがあったのかもしれません。先にあげた『西国立志編』には、自分は昔、裁縫職人だったが「主顧の客に約束した期限を違え」たことはないと自慢するアメリカ大統領・ジョンソンの話もでてきます。早くから約束を守ることの価値を自分のものとしていた可能性もあります。

期限を守る困難

しかし、それは言うのは簡単ですが、実行しようとするとかなり困難なことでした。「創業当時の事であるから、キチンキチンと支払うのは私に取りては相当に苦痛であった。期日通りに返金しようとするには、其れまでに是非共品物を売って仕舞わねばならぬ。中々安閑としては居られぬ。一生懸命に勉強しても中々金が余らぬので、金を返して仕舞うと、懐が殆ど空になったことは度々あった。或る時の如き、横浜へ行って帰って来たら、懐には二十銭札が一枚しか余らなかった」といいます。

金太郎は、横浜から仕入れた商品を他に貸売りしていましたから、その代金を順調にとりたてるのは容易ではありませんでした。現金で販売すればよいようなものですが、それだと商売は広がりません。手広くやろうとすればどうしても貸売りになるのでした。

誰に貸して、どう取り立てるか、それが重要であることはいうまでもありません。金太郎は「随分危ないと思われるような相手にも、ドシドシ貸売りして……格別の過ちもなく鮮やかに切り抜けて行かれた手腕は何人も企及し得ざるもの」といわれています。期日どおりに代金を納められたウラにはこうした金太郎の商才があったことは見逃せません。この手腕を、友人は「ズバ抜けた商才と理智、又徹底した度胸と悟りなどの何とも言われぬ渾然たる融和」と形容しています。

また、この売掛金の管理と関連して、金太郎はこのころから伝統的な「大福帳」に代わって、銀行簿記を基とした洋式簿記を採用することにしました。洋式簿記の民間商店への普及としてはおそらくもっとも早い事例の一つだと思われます。金太郎の革新性がここにもうかがえます。

明治23年頃のブルウル兄弟商会の懐中時計広告。服部金太郎が関係の深かった商会の一つ。1888年から1900年まで横浜24番館。ブルウル兄弟はパリ在住で、1900年には国際的な商社であったことが分かる。(『精工舎史話』)

外商の信用をえる

支払期限を厳守したことで金太郎は小さな商店であったにもかかわらず、外国商館から信用されるようになります。そのことが金太郎の事業を大きくする重要なきっかけとなりました。というのは、「時は明治十七八年で、開業後日もなお浅く小さな店であったにもかかわらず、横浜の外国商館では安心して、私の店に多額の商品を貸し与え、遂には一軒で何万円、数軒にて何十万円と云う多額の商品を融通して呉れた」からです。

それだけではありません。「何ぞ斬新なものとか、何ぞ珍しい時計でも来ると外の店よりは先ず私の店へ売って呉れた」のでした。そうなるとお客は「私の店に来れば、他の店よりは比較的斬新な品もあり、品物もまた比較的豊富であると云うので、自ら客足も多く

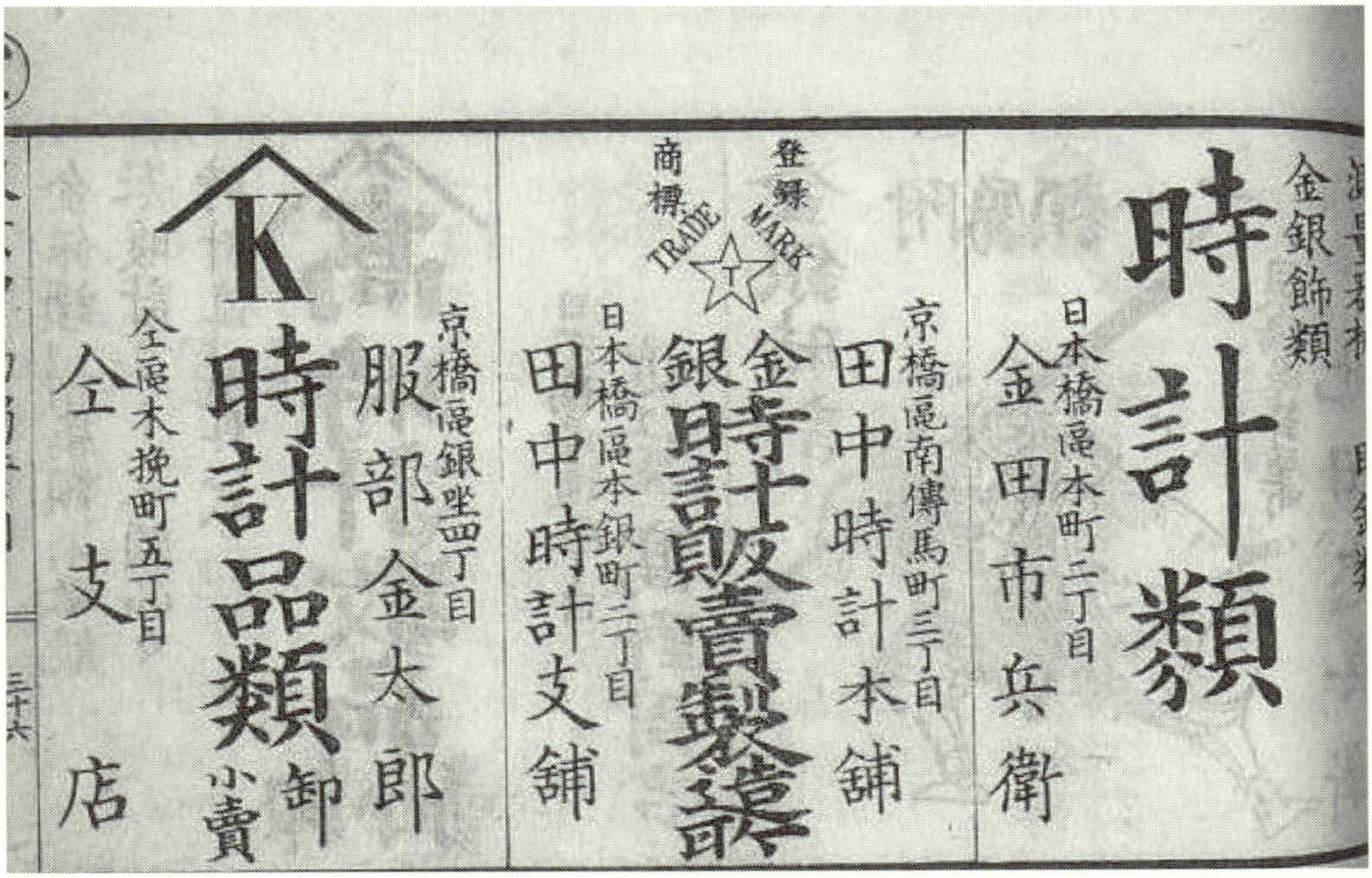
金銀飾類
時計類
日本橋區本町二丁目
金田市兵衛

京橋區南傳馬町三丁目
田中時計本舗

登録商標
TRADE MARK
T
金銀時計販賣製造
日本橋區本銀町二丁目
田中時計支舗

K
時計品類 卸小賣
京橋區銀座四丁目
服部金太郎

仝區木挽町五丁目
仝 支店

三十六

明治23（1890）年の『東京買物独案内』の中に京橋区銀座４丁目・服部金太郎の名がみえる。

なり、ここに店運発展の機運を形成するに至った」のでした。

こうした外国商館には、ブルウル兄弟商会（フランス）、アイザック兄弟商会（アメリカ）、コロン商会（スイス）などがありました。

銀座表通りに進出する

こうして金太郎の事業は急速に発展しました。それを象徴する出来事が、銀座の表通りへの進出でした。金太郎は、何とかして銀座の大通りに店をもちたいと長年、思っていましたから、表通りの借家の情報をえた時には、「直ぐ手金を懐にして、羽織も着ず前垂れ掛のまま飛んで行った」のでした。明治二十（一八八七）年九月には、銀座四丁目に進出し、「宏大壮麗なる時計店」を構えたのです。六年前には「誠に気の毒なほど貧弱な店」だったわけですから、いかにこの間の成長が著しかったかがわかります。

　横浜の外国商館からの仕入れで他店との差別化を図れた金太郎でしたが、それで満足はしませんでした。江戸時代の商人ならば、こうしてあるやり方で成功すればそれを継続していくことをよしとする考え方が支配的ですが、金太郎は違いました。さらに進んで時計を外国商館によらず、直接、外国から輸入することに着手したのです。

　明治二十三年、金太郎はアメリカ・シカゴの商店と時計直輸入の特約を結びます。時計において、日本の企業が欧米の時計業者と直接、取引を始めたのは、三井物産が明治二十一年にアメリカのウォータベリと始めたのがおそらく最初であろうといわれていますから、これはそれに次ぐものでした。三井物産のような一大貿易商社ならともかく、金太郎のような一時計店の試みとしてはこれは革新的な取組みだったといってよいでしょう。さらに明治三十二年には、アメリカの懐中時計メーカとして有名なウォルサム*と直輸入契約を結びました。

　後の話ですが、明治四十一年当時、金太郎の一日の主な仕事は、海外電報をみることと店員に相談を受けて指図をすることだといっています。おそらく、このころから海外情報を得ることが金太郎の重要な日課となったものと思われます。

ウォルサム
デニソンとハワードは、一八五〇年、マサチューセッツ州ウォルサムで懐中時計を互換性生産方式で生産することを始めた。当初の試みは失敗したが、後継者により大量一貫生産は成功し、アメリカの懐中時計メーカーを代表する企業となった。

ウォルサムの懐中時計。ウォルサムはアメリカの名門時計メーカーであり、帝国大学などで成績優秀の卒業生に与えられた恩賜の銀時計にも選ばれた。

第三章　時計国産化

一、いよいよ時計製造へ

時計製造の条件

　時計店を始めたころから時計製造という大志を抱いていた金太郎でしたが、最初の古時計の修繕、販売から、小売、卸売へと進むにつれて、資本規模も拡大し、製造への進出の準備ができていったとみてよいでしょう。とくに、横浜・外国商館からの仕入れやアメリカからの直輸入で、輸入時計の卸売が業務の主力になっていきましたから、販売のネットワークが形成されたということも製造進出への前提として重要でした。しかも、明治二十年代には、名古屋の時盛社*（林時計、明治二十年）、大阪の大阪時計製造会社*（明治二十二年）など、有力な時計商が時計製造に進出する事例がでてきました（内田星美『時計工業の発達』）。金太郎の大志をめぐる内外の事情は、もう采女町の時代ではなくなったのです。

時盛社
明治十年代後半、愛知県・岡崎の中条勇次郎は掛時計の製作に成功したが、名古屋の時計商・林市兵衛はその事業を譲り受けて、明治二十（一八八七）年、時盛社を設立した。日本における最初の掛時計の量産工場の誕生であった。

大阪時計製造
京阪の時計商によって明治二十二（一八八九）年設立。柱時計を生産した。明治二十七年にはアメリカ人・バトラーと契約して日本で初めて懐中時計生産に進出した。しかし、事業はうまくいかず、明治三十一年解散。

当時の掛時計

　しかし、金太郎が時計製造に進出するにあたっては、もうひとつの直接的なきっかけが必要でした。それは製造技術の問題です。金太郎は、最初、「漠然に時計の原料は真鍮であるから、製造するには何の雑作も無く、且つ輸入するよりは安価に出来るだろう位に考えて居た」のでしたが、そんなことで時計が製造できないのは明瞭です。その点を補う人材が必要でした。金太郎はその適材を見つけることができたのです。

天才的技術者・吉川

　明治二十（一八八七）年、金太郎は、横浜で多量の無地側のスイス製懐中時計を安価に仕入れます。それが当時における新型でしたが、しかし、当時の日本では懐中時計は、側にこまかい鱗に似た魚子（ななこ、七子とも）などの模様を施してないと売物にはなりませんでした。しかし、魚子を大量に手彫りで頼んだのでは採算に合うわけはありません。そのとき、深川に魚子彫りを自身で開発した工作機械で比較的安価に行なえる人がいるという耳よりな話を聞きます。それは、吉川鶴彦*という小さな時計店を開いている人で、海外製の小型旋盤を改造して魚子を切削していたのでした。金太郎は、吉川を

吉川鶴彦
元治元（一八六四）年〜昭和二十（一九四五）年。明治十九（一八八六）年、時計店を開業。機械技術に堪能で、服部金太郎に請われて精工舎創立に加わる。精工舎の機械技術の発達を主導した。

訪ね、その仕事を依頼します。吉川は、魚子切りに限らず、機械技術に堪能な人であることが分りました。

明治二十五年、金太郎は、時計製造にはこの吉川がぜひ必要だと思い、時計製造への参加を働きかけます。

「私は同君に会って国家の為に奮って時計工場を起したいものであると云う衷情を披瀝し、且つ工場を起すに就ては他人の資力を仰いでは面白くないから独力でやろう、又成否の確実でない事業に投資する人もないであろうから……先ず自分の資力の許す五千円か一万円の範囲で一つ始めようと思うが、其れにしては君は月幾らあったら雇われてくれるかと問うたら、同君は月三十円もあれば善いから是非一所にやろうと答えた」。

吉川は、金太郎の意気に感じて共に時計の国産化に邁進することを誓ったのでした。

吉川鶴彦（1864〜1945年）。尾張藩士の家に生れるが、時計店で徒弟修行をして明治19（1886）年、深川区森下町に時計店を開業。

しかし、いくら吉川が機械技術に堪能でも、工場での生産を組み立てるとなると話は別です。また、金太郎にとっても、「何れ丈けの経費があれば製造する事が出来るかと云う事が分」らなければ事業は始められません。そこで金太郎は、早速、吉川とともに、名古屋などの時計工場の見学にでかけました。機械や工程の実状を調査したものと思われます。帰京してまもなく、いよいよ工場設立の準備にかかったのでした。

二、精工舎設立

工場を創業する

金太郎は、本所区石原町に遊休ガラス工場が遊んでいたのを買い取り、明治二十五（一八九二）年五月、時計工場を始めました。金太郎は、精巧な時計の製造ができるように社名を精工舎としました。創立時の従業員は十五、六人で、時計でも製造のしやすい柱時計の生産から始めました。

この精工舎の創業は、日本の時計工場としては早い方だったといってよいでしょう。それ以前のものとしては、明治二十年の名古屋の時盛社、明治二十二年の関西の大阪時計、播陽時計、東京の吉沼時計、明治二十四年の京都時計などがあるだけで、この明治二十五年以降、中京地区や関西で時計工場が幾つもできるようになります。

他の時計工場と比べると、金太郎の場合は、まったくの自分の資力で始めたところがやや異例です。他の工場は、共同出資や数人の協力で企業を設立する場合が多いのですが、精工舎はそうではありませんでした。前にみたように、そのことは金太郎の方針でした。実はこのことがあとで大きな意味をもつことになります。

明治30年頃の精工舎工場。看板上部に「時計及諸機械製造所」と書かれている。

しかしそのこともあって、創立当初の精工舎はまったくの零細工場といってよいものでした。例えば、林製作所（時盛社が改称）の明治二十三年の人員は一二三名、大阪時計製造株式会社の明治二十五年の職工数は六二名なのに、精工舎は一五、六名だったのです。金太郎は、大志を実現するといっても最初から不相応な大規模な工場を建設したりはしませんでした。製品も生産が容易な柱時計を選びました。あくまで、着実に進んでいく方針をとったのです。こうした事業の進め方が金太郎の特徴でした。

この石原町の工場では創業二ヶ月後には、柱時計一ダースの生産に成功しましたが、なにぶん零細工場であり、動力も「ブリ輪」という木製の車を二、三人が交代で回して供給するという人力によるものでしたから、工場の拡張には限度があります。金太郎は、翌年の明治二十六年夏には本所区柳島町に数百坪の土地を求め、数棟の木造工場を建設して、同年末には移転しました。石原町では、人口稠密なので当局から蒸気機関の設置が許可されませんでしたが、この柳島はのどかな田園地帯でしたから、五馬力の蒸気機関を動力とすることができました。

ここに移転してから、柱時計の生産高は急速に増加しました。移転後一年間では日産七〇個程度でしたが、明治二十九年には日産三〇〇個に達しました。人員も二十九年には一〇〇人を超えました。

精工舎の時計生産の一つの特徴は、早くから部品を自ら製作しようとしたことです。もちろん、当初は柱時計付属品や外箱は外注したり、問屋から購入していましたが、柳島に移るころから、外注工場を専属的にして柳島の敷地内に移転したり、部品の内製に努めました。外箱のガラス縁、黄銅板、文字板の琺瑯などです。金太郎の事業のやり方のもう一つの特徴として、なるべく自らの力で事業を達成しようとする志向をあげることができます。このことも後に大きな意味をもつことになります。

「百軒時計屋」の猛威

ただ、このやり方は、当時の柱時計の中心地方であった名古屋の時計メーカーとは正反対でした。名古屋では、付属品や木箱などの部品メーカーが広汎に成立し、完成品メーカーはそうした部品を集めて組立だけを行なう傾向が強くなりました。それを揶揄して、「百軒時計屋」という言い方もありました。低廉な部品を百軒から集めて一個の時計を製造するという意味です。

この方法だと部品、製品が安価にできるので、名古屋の柱時計は価格が安く、強い競争力をもちました。そのあおりを受けて、明治三十年代には京阪地方の時計工場は壊滅してしまいます。名古屋以外の柱時計工場としては精工舎だけが残るということになったのです。ただ、そのおかげで、時計のうち柱時計については、早くからアメリカの輸入品を駆逐することができました。

しかし、この方法だと製品の品質を維持するのは困難でした。部品メーカー、完成品メーカーともに低価格志向になるので、いきおい品質は犠牲にされる傾向が強くなるからです。低廉だが低品質の時計が市場に供給されることになります。

高品質戦略

金太郎は、この名古屋のメーカーとは違う戦略をとりました。低品質・低価格で名古屋と対抗するのではなく、高品質の製品を相対的に高価で販売することでした。当時(明治三十三年三月二十四日)の新聞記事(『毎日新聞』)でも「同店(服部時計店―引用者）の方針は自己の製造に係るものの品質を精良にし他店の安価に頓着せずしてやや高価に売りさばくにある」と報道されています。

この製品の価格づけについても、金太郎は面白いことをいっています。「常識は利益の門戸を開く鍵なり」と題して、廉価販売で利益のあがらない業者にたいして「丁度よい（利益もでるし、売れる―引用者）値段を見出すものが即ち商売の秘訣である。これは常識がなくては駄目だ」というのです。安売りにまきこまれず、品質を良くして利益のでる、やや高い価格を設定する「常識」を金太郎はもっていました。しかし、そのためには品質のよい時計を製造しなくてはなりません。部品の内製は、それに有効でした。

時計塔の建設

明治二十七（一八九四）年、金太郎は、銀座四丁目角の朝野新聞社が経営破綻したのを機にその社屋を買収します。金太郎がその話を聞いた時、「欲しくて耐らぬという様子であった」といいます。直ちに、アメリカ帰りの建築技師・伊藤為吉に増改築を依頼し、同年末、高さ約十六メートルで巨大な時計塔を備えた時計店が完成します。また、高層建築の少なかった当時としては、ひときわ目立つ壮大な建造物であり、以後、東京名物の一つとして喧伝されるようになります。銀座のシンボル、時計塔の誕生でした。

明治30年ころの服部時計店。朝野新聞社の社屋をアメリカ帰りの建築技師・伊藤為吉によって増改築を行った。高さ約16メートルの時計塔が威容を誇る。東京の名物の一つとなった。(『日本之名勝』)

金太郎は、このとき、「マアマア小さいながらも私も一城の主になりました」といったと伝えられます。時に金太郎、三六歳、時計商として成功し、製造工場ももち、銀座という日本を代表する繁華街に名物建築を構えたのですから、その得意はいかばかりだったでしょうか。

第四章　時計王・服部金太郎

一、懐中時計製造の苦悩

家の時計から個人の時計へ

掛時計・置時計の輸入は、明治三十年代には頭打ちとなりましたが、小型の懐中時計の輸入はとまりませんでした。時計の需要は、柱時計のような「家の時計」から懐中時計のような個人の時計へと移っていきましたが、時計は、小型化するほど機構は精密となり、加工組立は困難でした。また、世界の時計技術の発展の大きな方向が、懐中時計から腕時計へと、小型化、薄型化、正確化に向かいましたから、外国における技術進歩も急激でした。

石川啄木も明治末年に、「今日はなぜか二度も三度も金側の時計を一つほしいと思えり」と歌っていますが、懐中時計をもつのが裕福な人々の間での流行でした。明治四十年頃には、中産階級以上の成人男子には懐中時計はほとんど必需品になりました。

精工舎の最初の高級懐中時計「エキセレント」。明治32（1899）年製造開始。ウォルサムのコピーであるが、一部の部品に当時の加工技術に合わせるため、簡略化した工夫がみられる。明治40（1907）年、恩賜の銀時計に指定された。

金太郎が柱時計の生産に成功したあと、懐中時計の製造にのりだすのはその意味で自然な戦略ではありました。日本で最初に懐中時計生産を行なったのは大阪時計製造株式会社でしたが（明治二十八年）、主な競争相手の名古屋メーカーは懐中時計には進出していませんでしたから、なおさらでした。しかし、それは実は、金太郎と精工舎にとっては長く困難な道のりが始まるということを意味していたのです。

明治二十六（一八九三）年、精工舎は柳島移転直後から懐中時計の側の製造を始め、明治二十年代末に懐中時計の製造に着手します。当時、輸入されていたスイス時計と類似の二二型「タイムキーパー」がそれですが、おそらく部品の多くを輸入し、かつ手作業が多かったものと思われ、製造は容易ではありませんでした。

第一次欧米視察

金太郎は、明治三十二（一八九九）年九月から翌年三月まで、欧米に視察旅行にでかけます。その主な目的の一つはこの懐中時計の生産を何とか軌道にのせることであったものと思われます。最初の時計工場を建設するときには国内工場の視察ですみましたが、懐中時計になるともはや国内には成功したモデルはありませんでした。

精工舎の懐中時計の組立室の様子。組立は何人かの分業になっていた。高机にピンセットを手にして一眼の顕微鏡をかけている。懐中時計を部品の加工から最後まで仕上げるには460回の人手にかかっていた。（石井研堂『少年工芸文庫　第15編時計』）

最初、アメリカを訪れ、ウォルサムと懐中時計の直輸入契約を結びました。その際、同工場を視察しました。金太郎が時計の輸入商であったことが、工場視察には有利に働いたものと考えられます。のち、金太郎帰国後、精工舎が製作した二番目の懐中時計（エキセレント）は、このウォルサムをコピーしたものでした。しかし、精工舎にとってもっとも重要な懐中時計製造用工作機械の購入は、門外不出とされてできませんでした。

続いて、スイスを訪れ、アメリカとの生産方法の違いを明瞭に認識します。アメリカの時計会社はあまり多くない種類の製品を、部品から一貫で大量に生産しますが、スイスでは名古屋と同じように、部品メーカーが広汎に発達し、多くの種類の製品を少量づつ生産していたのでした。部品メーカーが存在しない日本では、当然、アメリカ企業の方向を目指さざるをえないことになります。

また、金太郎は、ドイツで置時計用工作機械を一式、購入しました。これで、精工舎は置時計の生産にも本格的に取り組むことができました。

精工舎の目覚時計。明治32（1899）年製造開始。初の国産目覚時計であった。掛時計に次ぐ精工舎の主力商品となった。

製作の困難

この機械輸入で置時計生産は本格化し、明治三十九（一九〇六）年の輸入置時計にたいする関税引上げ（二五%から四〇%へ）もあって、精工舎製置時計はドイツ品を凌駕するに至りますが、懐中時計ではやはりそう簡単ではありませんでした。小型の機構は工作が困難だからでした。

精工舎が製作した懐中時計は、スイス製品やアメリカ製品のコピーでしたから、製作は容易と考えられるかもしれませんが、実際にはまったくそうではありませんでした。時計部品の加工やその組立には多数のプレスの型や工具が必要ですが、それらは、輸入時計を分解してその各部品を模範として、熟練工が長期間かかって手作りするのでした。まだこの頃には部品や製品を設計図を書いて製作しようとする考えはありませんでした。モデルから直接に、部品の形状や穴の位置などを製作していたのです。

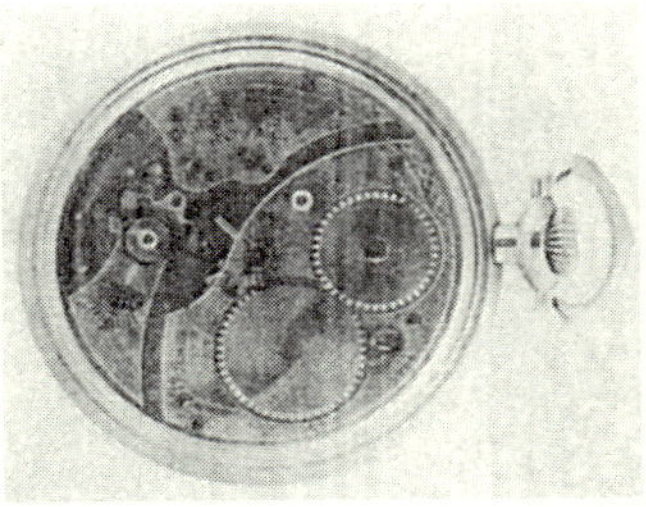

精工舎の「エキセレント」のモデルとなったウォルサム・ローヤルの裏。全体に精工舎「エキセレント」より、材質、仕上げなどが優れている。(『時計工業の発達』)

そうなると、この型の寸法精度、仕上げの良否によって、量産される部品や製品の不良率や組立工程における能率が左右されます。その型の穴の少しの違い、部品の寸法の狂いによって、仕上げ工程では部品どしが合わない「通い違い」と呼ばれた現象が多発します。そうすると、部品を手作業で削り直すか、不良として廃棄することになります。こうした困難は、時計が小型になればなるほど著しくなるのでした。

明治三十六(一九〇三)年、吉川鶴彦の兄弟子で、名人といわれた村田仙吉が吉川に誘われて入社します。この作業を担当したのはこの名人・村田でした。当時、「府下に、時計商の看板を掛けて居る者、百を以て数ふる程でしょうが、時計の直しを頼まれて自分の手で直しきれず、他に『又頼み』するのが半分以上である。若し『又頼み』せぬなら直すのではなくて、却ってこわして返すのである」といわれるなか、どんな時計のどんな故障も直すといわれた、たぐい稀な技能の持ち主でした。

しかし、この村田の名人芸をもってしても、模範の部品の製作は、うまくいって三ヶ月、悪くすると半年、それでも満足なものができないという状態だったのです。

一方、欧米では、この時期、工作機械の自動化を中心とする製造工程の技術革新が激しく、懐中時計の価格は低下していました。関税(明治四十三年まで従価四割)はありましたが、とても輸入品との競争に勝てなかったのです。

赤字にたえる

したがって、懐中時計事業は赤字でした。そもそも時計製造そのものの収益性はそう高くはありませんでした。金太郎は、「一方に従来のように時計の取引をして利益を得て、利益のうすい工場の方に資金を入れて、その発展をはかった」といっています。販売部門の利益を工場に投入したのでした。

その製造部門のなかでも、置時計、懐中時計は赤字でした。置時計の方は数年で黒字にすることができましたが、懐中時計は、結局、十五年間の長期間、赤字を続けることになります。他部門の利益をつぎこまなければ、事業は継続できなかったのです。

前に、他の時計工場と比べて金太郎の場合はまったくの自分の資力で事業を始めたところがやや異例だったといいました。それが、ここで意味をもってきます。他の時計製造会社は多数の時計商による共同出資の場合が多かったのですが、その場合、時計商は株主として配当を得ることが重要でしたので、時計製造であがった利益は配当として分配され、社内に留保されなくなります。そうなると不況がくるとその企業は財務的に耐えなくなりますし、大株主としての時計商は事業を継続するより容易に解散を決定する

明治末期の精工舎。懐中時計工場はレンガ造り二階建。掛・置時計工場もレンガ造りとなった。明治44（1911）年の工場敷地は5,000坪、建坪は2,118坪に達した。（『日本之名勝』）

ことになりがちでした。明治三十年代の不況で解散した京阪の時計工場はこうしたタイプが多かったのでした。短期的な利益を優先する経営となりやすいわけです。

懐中時計製造でも同様でした。先行した大阪時計製造株式会社も初期の赤字で株主の失望をかい、その再建計画をめぐる株主間の争いから明治三十四（一九〇一）年に解散してしまいました。精工舎のあとに懐中時計生産にのりだした日本懐中時計製造合資会社（明治三十一年）も、技術的に未完成な製品を、資金回収を急ぐ大株主（時計商）の圧力によって市場にだしたため、信用を得られず破綻したといわれています（内田『時計工業の発達』）。

これらにたいして精工舎は、金太郎一人の事業であり、しかも金太郎にとって時計事業は単に利益をうる手段ではありませんでした。金太郎は、まだ懐中時計の赤字が続いていた明治四十三年、自分の生涯は他の富豪のように波瀾万丈なそれではなく、平凡で他の人には興味のわかないようなそれだが、「世に事業を残さねばならない」と思ってやってきたといっています。事業の継続自体が金太郎の人生の目的ともなっていたのです。他部門の利益をつぎこんでも惜しくはありませんでした。こうした事業の仕組みと意欲を精工舎はもっていたことで、精工舎だけが日本で懐中時計製造を継続することができたのです。

二、困難を突破する

第二次欧米視察

金太郎は、明治三十九（一九〇六）年、二回目の欧米視察にでかけます。その目的は、この懐中時計の生産を合理化するための量産向け工作機械の購入でした。そのため、こんどは吉川鶴彦を同行させました。その結果、かなりの最新式工作機械を購入できたことは大きな成果でしたが、それだけでなく、アメリカの工場視察で吉川が自動機を自分で作るための多くのアイデアを得たことはそれ以上の意味をもっていました。「先方では製品ばかり売りたがって、機械を売ろうとしない……肝腎の工場内は口早や、脚早やに唯スーッと通り抜けさせられただけ」でしたが、天才的技術者・吉川はそれでも多く

ピニオン自動旋盤。吉川鶴彦はアメリカの工場視察からピニオン自動旋盤を明治42（1909）年ころ開発した。ただ、ピニオン自動旋盤はその後、幾度か改造されているので、吉川による最初の自動機の詳細は分からない。（『精工舎史話』）

のものを得たのでした。

吉川は、明治三十九年暮れ、先に帰国して、日夜、新機械の考案にあけくれ、それらを工場に導入していきました。とくに重要だったのは、ピニオン自動機の考案でした。

懐中時計の量産のネックとなっていたのは、カナ（ピニオン）と呼ばれる部品の加工でした。カナは、軸・両端の軸受、小歯車からなっていましたが、懐中時計のそれは小型なので一本の鋼線からすべての部分を削りだす必要がありました。その切削には数工程がかかりましたが、そのたびに機械から取りはずすので、手間がかかるばかりでなくセンターが狂って不良品がでやすいのでした。

吉川は、明治四十二年ころにピニオン自動機を開発します。それは、一台の機械に鋼線を固定し、順次、自動的に加工するもので、アメリカでは早くから採用されていたものでした。しかし、それを購入することはできませんでした。吉川は、実際にそれを見てヒントを得て独自の設計を完成したものと思われます。これで、かつて二五人を要したカナの加工が一人でできるようになり、しかも不良率も低下しました。

ついに赤字を脱す

この生産技術の革新の成果を示したのが明治四十二（一九〇九）年、生産開始された「エンパイヤ」でした。それまでの二種の懐中時計のうち、「エキセレント」は、高級品であり、明治四十年に天皇が下賜する恩賜の時計になりましたが、量産品種ではありませんでした。精工舎としては、普及型の製品を発売する必要がありました。この間の生産技術の革新がその量産を可能にしたのでした。事実、この「エンパイヤ」は、この後、昭和九年頃まで十数年にわたって精工舎の代表的製品となるのでした。

こうして懐中時計事業は、明治四十三年七月になってようやく赤字を脱することができました。外国製品と採算ベースで対抗できるようになったのでしたが、しかし、それは外国製品が関税を負担するからの話で、柱時計のように原価のレベルで競争出来るようになったわけではありませんでした。掛時計や置時計と違っ

明治42（1909）年に製造開始した大衆向け16型懐中時計「エンパイヤ」。その後十数年にわたり、精工舎の懐中時計の代表品種として量産された。そのムーブメント部品はすべて国産となった。

て、このあとも長い間、国産懐中時計、腕時計は、輸入品を駆逐できない状態が続いたのでした。

三、日本の時計王から東洋の時計王へ

輸出

日本の掛時計は、早くから輸出されるようになります。国内市場では名古屋のメーカーを中心に競争が激しく、新市場を求めて明治二十八（一八九五）年から輸出が行なわれたのでした。とくに中国市場で要求される時計は品質的に日本の市場と同程度でよく、欧米品より安価で運賃も安い日本製品は歓迎されました。精工舎でも、明治二十八年から掛時計を中国に輸出しましたし、置時計も明治四十一年から、懐中時計も少量ですが、明治四十四年には中国へ輸出を始めました。明治四十年代には、全生産高の約五分の一は輸出が占めるにいたりました。

この輸出でも金太郎は、他とは少し違ったやり方をとりました。多くのメーカーが神戸、大阪などの中国商人に販売していたのにたいし、明治三十八年、上海、香港在住のドイツ商社・謙信洋行を販売代理店としました。直接、現地の商人に輸出する道を選ん

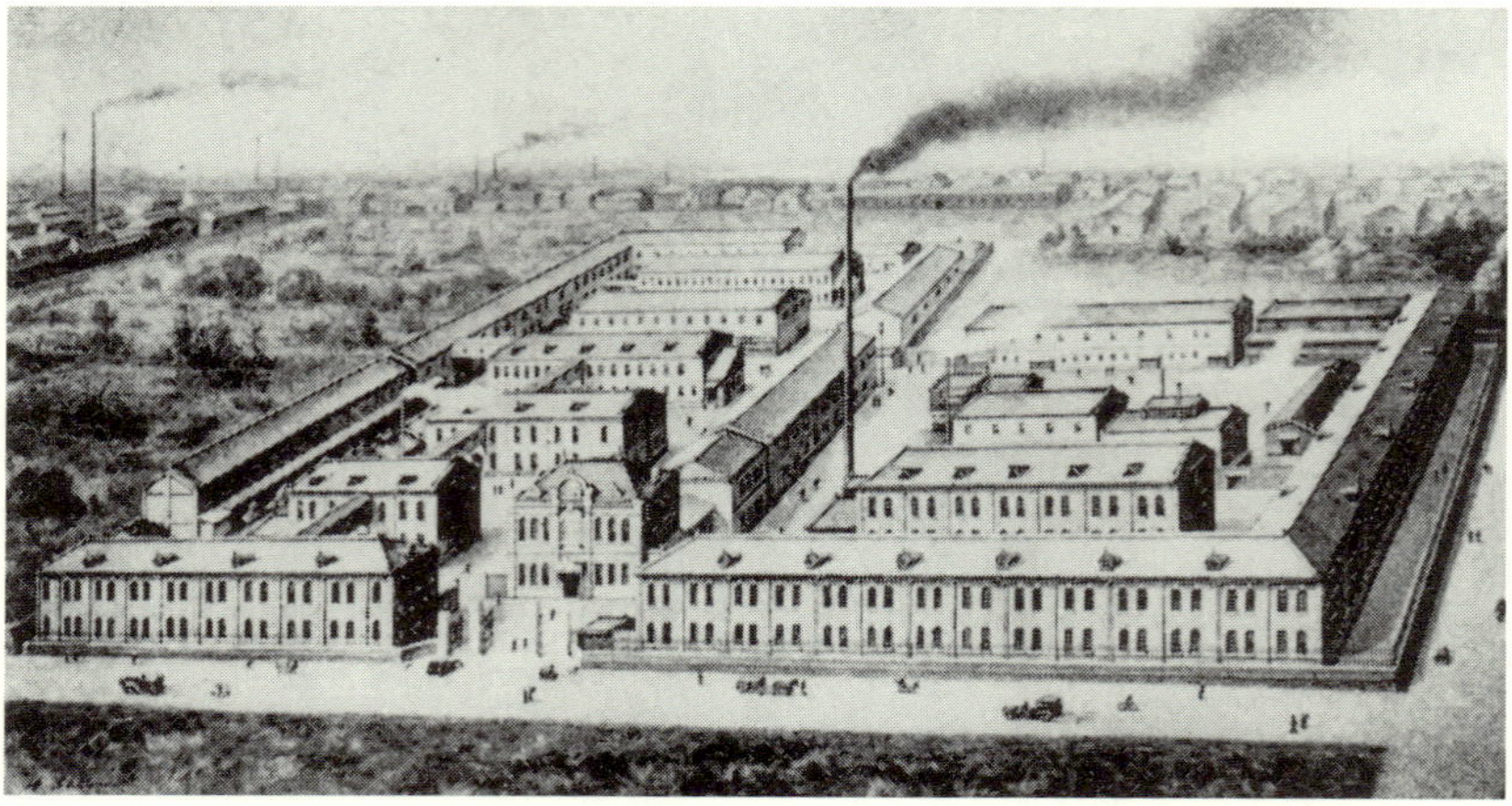

明治末年の精工舎の想像図

だのです。のち、大正二（一九一三）年には上海に、大正四年には香港に服部洋行を設立し、服部時計店の出張所としました。大正六年には、服部時計店の貿易部を独立させて、服部貿易株式会社を設立しました。現地に販売拠点を自ら設けたのでした。

もちろん、懐中時計をはじめ国内市場の成長も急速でしたから、精工舎の成長も著しいものがありました。明治三十五年の従業員数は二一一名となり、四十二年には五八七名に達しました。全国的にも大規模な工場となったのです。明治四十三年の掛・置・懐中時計の年産額は六二万円で、個数ベースでみればその全国シェアは四割以上でした。金太郎は明治三十六年ころから「時計王」の名で呼ばれるようになりますが、それも故なしとはいえませんでした。

工場をまとめる

工場が巨大になると、当然のことながら大量の人々の働き方の管理、生産や労務の管理という課題が発生します。明治四十一

（一九〇八）年ころには金太郎は、主に銀座の時計店におり、工場へは週二〜三回、行きましたし、のち、午前中は銀座、午後は工場に出勤しましたが、工場に常駐しているわけではありませんでした。金太郎に代って工場にいたのは、母・はる子でした。

はる子は、非常に意志が強い反面、人情に厚く、勤勉な人でした。はる子は、自らすんで工場内に居住し、工場で住み込みで技能養成していた徒弟（生徒と呼ばれた）の食事や被服などの世話をしていました。徒弟は一時期には三〇〇名内外に達したといわれ、精工舎の技能者のかなりの部分はこの生徒出身者でした。はる子は、工場従業員と苦楽をともにし、常に彼らを督励鞭撻しました。はる子と彼らとの間には、強い人間的な関係が形成されていたのでした。また、常に公平に人に対処したといわれ、技術面の指導者、吉川と金太郎とが意見を異にしたときも、双方の言い分を聞いて裁定したと伝えられます。金太郎の母は大規模になっていく工場の人間集団をまとめるかなめになったのでした。

しかし、大正四（一九一五）年にはる子が逝去すると、こうした人格的な関係に依存するわけにはいかなくなります。工場のトップマネジメントの組織的な運営など、より近代的な管理や労使関係を形成していくことになります。

それを象徴するのが、大正六年十一月に行なわれた法人化です。それまでの金太郎の個人経営を改めて資本金五〇〇万円（全額払込）の株式会社服部時計店が設立されます。

明治末期の銀座尾張町交差点（現・銀座４丁目交差点）。同交差点を京橋方面に向けて撮影した絵葉書がこの頃多く作成されている。服部時計店は銀座のシンボルとして定着したのである。

明治40（1907）年ころの精工舎の人々。前列左から３人目が服部はる子、その右隣が吉川鶴彦。（『精工舎史話』）

精工舎もそのなかに含まれて、株式会社服部時計店精工舎と呼ばれるようになります。このころ、三井、三菱、住友などの財閥や他の大企業でも株式会社形式を採用するのが流行しており、金太郎の場合もそれらと同様でした。

大戦景気にのる

第一次世界大戦は、日本経済にとっては「大正の天佑」と呼ばれ、一大ブームを引き起こすことになります。時計業界も例外ではありませんでした。まず、輸出が激増します。大戦によってドイツ製時計の輸出がとまって日本製の掛・置時計が大量に需要されたからでした。

精工舎は、大正四（一九一五）年秋、イギリスから約六〇万個、フランスから約三〇万個という大量の目覚し時計の注文を受けます。それ以外にも中国、イン

47歳の服部金太郎

ドなどへの輸出も増加しました。国内市場でも懐中時計需要は増加しました。大正七年の精工舎の時計生産高は二四〇万円に達します。

しかし、需要が強かったわりには精工舎の競争相手であった名古屋メーカーの生産や輸出は伸びませんでした。名古屋メーカーの時計生産個数は、大正三年がピークで大戦中はむしろ低下してしまいます。それは、名古屋メーカーが軍需生産に転換したこともありますが、時計製造にもっとも重要なスプリング材料の輸入が大正四年十二月以降、途絶してしまい、材料不足に陥ったことが大きな要因でした。名古屋メーカーはビジネス・チャンスを逸したのです。

これにたいし、精工舎では金太郎の周到な計画に基づいて、大戦勃発後まもなく、鋼材の輸入禁止に備えて、横浜のイギリス人商館から大量のスウェーデン鋼材を仕入れたり、アメリカから特殊磨鉄線類を数カ年分を直輸入したりしていました。材料には困らなかったのです。金太郎についての思い出の一つに、「商人としての断の明かであったことは驚くものがある」というのがありますが、これなどはまさにその典型でしょう。

おそらく、金太郎は海外情報に常に接するのを日課としていましたから、こうした先をみる決断ができたのでしょう。

金太郎は、このころ、この輸出の激増から「東洋の時計王」ともいわれるようになります。大正五年十二月の『東京模範百工場』は、「国産奨励の急先鋒として、返って海外に盛んなる輸出をなしつつある先覚者、精工舎主服部金太郎を称して、東洋の時計王となすは、あながち過褒《かほう》の辞ではない」としています。ついに金太郎は、アジア市場で欧米メーカーと覇を争うまでになったのです。

第五章　禍を転じて福となす

一、最大の危機

地　震

大戦が終わっても時計市場の成長はとまりませんでした。懐中時計の需要が好調で、大戦後の不況にもそれほど打撃は受けませんでした。大正十（一九二一）年の精工舎の生産金額は五四〇万円に達します。個数ベースでの全国シェアは、大正九年には約七割に達します。

成長を反映して、工場、時計店、双方への投資が進みます。工場は、明治四十一年ころから次々と煉瓦建築になり、大正五年ころにはほとんど煉瓦づくりになりました。時計店も、大正十年秋から鉄筋の高層ビルを新築すべく、建物の解体に着手しました。

好調な時計事業でしたが、思わぬところから、災難がふりかかります。大正十二年九月一日昼、激震が関東地方一帯を襲います。関東大震災でした。揺れそのものより、続いておこった火災が問題でした。夜に入って襲ってきた火災で精工舎の工場はほとんど焼けてしまいます。時計店やその商品、金太郎の自邸も同様に燃えてしまいます。

ちょうど、この日は工場は休日にあたっていたこともあり、一人の死傷者もださずにすんだのは不幸中の幸いでしたが、物的な損害は巨大でした。東京府の調査では、精工舎だけで建物一〇〇万円、機械六〇〇万円、原料・製品など一五〇万円、合計八五〇万円の損害でした。本店、自邸などの損害を入れれば大変な額の被害を受けたことはいうまでもありません。

金太郎の落胆は想像するに余りあります。昔、ようやく自分の店をもってそうたたないうちに火災で失い、「世の富豪が何万円損失したよりも、尚ほ且つ落胆した」ことがありましたが、そのときはまだ二十代前半の若者でした。このときには、損害は何万円どころではありません。しかも金太郎は、すでに六十三歳です。もうだめか、と思ったとしても仕方ありません。焼け出された金太郎は女婿のもとに身を寄せますが、そこで三日後の九月四日に再会した親しい従業員に、「三六年余りの苦労を灰にしたから、これで時計製造はやめた……今後やっても、生きているうちに時計の顔を見られんからやめた」と告げています。老境に入った金太郎にはあまりに大きな打撃でした。二人は泣き別れます。

関東大震災で溶解した懐中時計の残骸の置物。高さ約32センチ。

再起の決意

それを翻意させたのは吉川でした。吉川は「三六年の手の跡をなくしてやめるのは残念だ」と金太郎に迫ります。翌日の五日、同じ従業員に、「昨日はやめるといったが……もう一度やることにした」と翻意を告げます。創業以来の親しい同志に励まされて復興の決意をしたのでした。

しかし、再起するといっても容易に生産を再開できるような状態ではありません。九月末をもって、いったん全従業員を解雇せざるをえませんでした。それに規定どおりの退職金を払いましたので、三八万円がかかったといわれています。また、時計店では、顧客から修理のため預かっていた時計が一五〇〇余りありましたが、新聞広告をして依頼者にたいし同程度の新品をもってことごとく返済しました。自ら大きな損害を被ったにもかかわらず、顧客には迷惑をかけないという態度を貫いたとして、さすが服部金太郎と大きな話題となりました。

二、製品転換の成功

再起の条件

企業経営という面からみると、再建ができたのはそれまでの財務状態がきわめてよかったからでした。金太郎は、株主総会でつぎのように説明しています。

「実損額ノ概算ニ於テハ壱千万円ヲ超過セルモ……創立以来、毎決算期相当ノ償却ヲ為シ来ルタメ、帳簿価格ハ……三百七十余万円ノ損失ヲ計上スル事ニナリマシタ。此ノ損失ハ諸積立金及ビ繰越金合計四百余万円ヲ振替補填シ、残額ハ法定積立後繰越トナス計算デアリマス」

実質の損害額は一〇〇〇万円を超えましたが、相当の償却をしてきていたので帳簿上の損害は三七〇万円ですみ、それを積立金などでカバーしたため、損失を繰り越すことはなかったのでした。これまでの蓄積がものをいったのです。

しかし、生産の方はそうはいきません。ようやく掛時計の出荷が再開されたのが翌年の三月、目覚時計は九月、携帯時計の製造開始は十二月でした。携帯時計では一年以上のブランクが生じたのです。ただ、それでも生産再開は早く行なうことができたということができます。それにはある幸運な事情があったからでした。

懐中時計から腕時計へ

いま、携帯時計の生産再開は一年以上遅れたといいましたが、それは懐中時計ではありませんでした。九型腕時計だったのです。

第一次世界大戦は、携帯時計の分野でも大きな変化をもたらしました。懐中時計から腕時計への転換です。大戦中、軍人向けに大量の腕時計需要が出現し、大戦後、それが一般の人々へと普及を始めます。時計需要の大きな転換でした。それについていけなかった懐中時計の名門、アメリカ・ウォルサムなどは経営危機にみまわれてしまうほど大きなインパクトをもつ出来事でした。

金太郎もこの変化を早くから察知していたと思われます。早くも大正二（一九一三）年に一二型の腕時計「ローレル」、同三年には一三型「マーシー」の生産に着手したからです。まだ、腕時計はやや特殊な用途向けとされて需要はそう大きくなかったころです。

「ローレル」はおそらく国産初の腕時計だったと思われますが、そう画期的な出来事として記憶されていないのは、それに使用された機械体が本来、女性用懐中時計用のもので量的にはその方が多かったからでした。懐中時計の女性用として初の製品でもあったのです。おそらく、いきなり腕時計を企画するより、女性用懐中時計として開発し、

上は、精工舎初の腕時計「ローレル」(12型、大正2（1913）年、機械体の生産開始)。下は、9型腕時計「グローリー」。これは大震災のため中止となった。

それを腕時計に転用する方がリスクが少ないということではなかったかと思われます。金太郎らしい着実な戦略です。

しかし、大戦後には腕時計への転換は明瞭になります。精工舎としても本格的な腕時計を開発する必要に迫られました。大正十一年の半ばから、当時としてはもっとも小型であったモリス製の腕時計をモデルとして腕時計の開発にかかります。

この開発が、それ以前と違っていたのは、高等教育を受けたエンジニアが担当したことでした。もはや名人・村田による手作りによるモデルの製作ではなくて、設計図を用いた開発となりました。金太郎は、この開発現場をしばしば訪れてエンジニアを激励するとともに、急いで完成するようにとの指示を繰り返しました。その試作品が完成したのは、大正十二年八月三十一日でした。つまり、関東大震災の前日というきわどいタイミングだったのです。そしてこの試作品が震災を生き延びます。これがあったことが、意外に早い立ち直りに結びついたのです。

大正十四年九月、これは「セイコー」として発売され、以後、十数年の機械体としての寿命をもつことになります。時計需要の中核に対応できる製品をいち早く供給できたことが精工舎の復興を促進したことはいうまでもありません。金太郎は幸運だったといってよいでしょう。

一般に、企業がその製品構成や生産体制を大きく変えるのはなかなか困難です。精工舎は、この時、腕時計という新しい製品を新しい開発、生産の方法でいちはやく導入することに成功しました。見方を変えれば、精工舎は震災によって製品の構成や生産体制全般を変革する絶好の機会を与えられた結果になったわけです。まさに「禍を転じて福となした」のでした。

「セイコー」の誕生

新しい出発という性格はこの時計の名称にも現われています。この時計の名称を「セイコー」としたのは金太郎でした。企画段階ではこの時計は「グローリー」という名称でした。大正十三(一九二四)年暮れ、吉川のもとに現れた金太郎は「グローリーという名前も悪くはないが、なにしろ、昨年の大震災では精工舎もゴロリとまいった次第で、ゴロがにかよっていて縁起が悪いから、以後わが社の時計の名称を『セイコー』一本にしぼったらどうだろう」と提案して、破顔一笑したといいます。金太郎にはこうした軽妙なユーモアがありましたが、金太郎は本気だったのでないかと思います。一般に、その時々の運に大きく左右される傾向の強い商人には縁起をかつぐ傾向がありますが、大震災からの復興を願う金太郎も新しい出発の成功(せいこう)をこの名称に託したと想像するのは考えすぎでしょうか。反面、それまでの時計には精工舎製であることは明記されていませんでしたから、「セイコー」という名称には金太郎の覚悟も込められていたとみてよいでしょう。これ以降、精工舎製の腕時計の大半に「セイコー」の文字が使用されるようになります。

製品ラインの多様化

製品の開発に設計図を使用するようになったことで、部品の精度があがりそれだけ製品の量産が容易になりました。また、製品開発にかかる時間も大幅に短縮されましたから、新製品開発が容易になりました。いきおい、この頃から新製品が数多く誕生するよ

上は、大正14（1925）年、製造を開始した、10型腕時計「セイコー」。下は、昭和5（1930）年製造開始の17型高級懐中時計「セイコーシャ」。

うになります。大正十四（一九二五）年の一〇型腕時計「セイコー」、昭和二（一九二七）年の婦人用八型「セイコー」（当時の最小型）、昭和五年の一七型高級懐中時計「セイコーシャ」（恩賜の時計に採用）などがその一例です。

精工舎の時計生産額は、昭和五年には二八〇万円となりました。大震災前のピークの大正十年の五四〇万円にはまだ大分差がありますが、復興は順調でした。

三、金太郎永眠す

時計店本店完成

それを象徴する出来事が昭和七（一九三二）年五月の服部時計店本店の新築落成でした。その前に、まず金太郎は工場の復興から着手していました。昭和三年の懐中時計工場をはじめ、鉄筋コンクリートの耐震耐火建築の各工場が建設されていきました。そして、いよいよ本店です。それまでは、木造二階建ての仮店舗で営業していました。当時、銀座の建物には高さ一〇〇尺、時計塔にも三〇尺という制限がありましたから、その制限いっぱいの高さ一三〇尺（約三九メートル）の時計塔をもつ地下二階地上七階、ネオ・ルネッサンス式の壮麗な建築でした。現在、私たちがみる時計塔が完成したのです。

昭和7（1932）年、落成ころの服部時計店。延べ約6814平方メートルの壮麗な建築で、今日にいたるまで銀座のシンボルの一つとなった。（『精工舎史話』）

大震災以来九年弱、ようやく時計塔をもつ本店が復活したのです。金太郎の喜びは容易に想像できます。

金太郎は、この建物の五階の銀座通りに面した部屋で執務しました。窓の外には築地方面が街路とともに一望のうちに展望できます。金太郎は、銀座の街並みを眺めて往時を振り返ったことでしょう。

しかし、その日々は長くは続きませんでした。翌昭和八年二月、金太郎は脳血栓の発作を起し、自邸で加療の日々に入ることになりました。しかし、回復することなく、昭和九年三月一日、大勢の家族にみとられながらその生涯を閉じたのでした。

読書を楽しむ晩年の金太郎。金太郎は、幼少のころから読書が好きで、とくに和漢の史書類を好んだという。

第六章　金太郎とその後のセイコー

一、セイコーの発展

その後のセイコー

金太郎没後も服部時計店の事業は発展していきました。その後の時計事業の大きな変化としては、一つはようやくこの頃、精工舎に対抗する携帯時計メーカーが出現したことがあげられます。昭和五（一九三〇）年六月、シチズン時計株式会社が設立されます。その前身は、大正七年設立の株式会社山崎商店尚工舎時計製造所でしたが、一時、工場を閉鎖するなど携帯時計製造はそう容易なことではありませんでした。しかし、この頃から成長を始め、戦後にかけてセイコーの有力な対抗者となっていきます。

もう一つは、日本の戦時体制が深まるとともに、軍需生産が増加していったことでした。精工舎の軍需生産は昭和九年頃から始まり、年をおって増大していきました。時計信管や機銃弾部品などですが、その増大につれてやがて時計生産そのものは縮小を余儀

昭和20（1945）年の空襲で、銀座４丁目交差点の一帯も焼け野原となったが、服部時計店の時計塔は堅牢なつくりの為、生き残った。戦後、一時、占領軍に接収された。

なくされます。戦前の精工舎の時計生産個数のピークは昭和十一年でした。

軍需生産の関連もあって、昭和十二年九月、懐中時計部門を独立させて第二精工舎としました。昭和十四年末に工場を亀戸に新設して移転しました。さらに、戦争が激しくなると、各地に工場を新設して疎開しました。

東京の各工場は空襲で大きな被害を受けましたが、不思議と銀座の時計塔だけは生き残ったのでした。

終戦後、精工舎は目覚時計の生産を中心に、第二精工舎は腕時計生産で復興しました。各地の疎開工場は次々と本工場に復帰しましたが、諏訪工場は、その協力工場の大和工業と一体となって現地に残留し、昭和三十四年五月、両者を包括して株式会社諏訪精工舎として発足しました。精工舎も昭和四十五年に独立の株式会社となりました。服部時計店とこの三精工舎がセイコー・グループを形成したのです。

1964年の東京オリンピックでセイコーは公式計時用時計に採用された。「公式計時」は、一社が総ての競技記録の責任を負うことである。

二、世界のセイコーへ

スイスを凌ぐ

戦後、国産時計の技術水準は急速に上昇し、昭和四十年代頃には輸出産業に成長しました。戦前は外国製品のコピーが主でしたが、戦後には独自の設計思想をもつ製品を開発できるようになり、自動巻や耐震装置、防水装置、カレンダー付き、高振動時計などの製品革新が相次ぎました。生産工程でも部品加工や組立の流れ作業化、自動化が進みました。セイコーとシチズンとの対抗関係からそうした製品・生産革新が促進されたのでした。やがて技術水準はスイスを凌ぐ域に達したのですが、それを象徴する出来事が昭和三十九（一九六四）年、東京オリンピックでの公式計時用時計へのセイコーの採用でした。

しかし、なんといっても日本の時計産業を世界の頂点に押し上げたのは、時計のクォーツ化でした。

諏訪精工舎は、東京オリンピックの際にクォーツ*式時計を開発し、

クォーツ時計
水晶振動子に電圧を加えて固有振動を作り出し、その振動を1秒に減幅して時刻表示する時計。水晶振動子とＩＣを電池で駆動する水晶発振式電子時計。

その腕時計への応用に取り組みます。その成果が昭和四十四年十二月、世界で初めてのクォーツ式腕時計「セイコー・クォーツアストロン35ＳＱ」の発売でした。それは四五万円もする高価なものでしたが、セイコーは、基幹部品であるＩＣや液晶の生産に自ら乗り出すことによってクォーツ式腕時計の価格、性能を画期的に低下、向上させます。昭和五十五年にはその最低価格は一万円にまでなり、腕時計の大半はクォーツになりました。

昭和六十年には、世界の腕時計生産のうち二三％を日本が占め、スイスの六％を大きく上回りました。昭和四十五年には日本一四％、スイス四二％だったのですから、この間の変化がいかに激しかったかが分ります。もっとも、昭和六十年の世界の首位は、この間、低価格のデジタル・ウォッチで急速に成長した香港で四七％でした。

世界時計史に残る世界初のクォーツ式腕時計「セイコークォーツアストロン35SQ」。日差±0.2秒（当時の機械式だと±20秒）という高性能だった。水晶振動子、ICなどの開発は後の事業展開に大きく影響した。

金太郎の遺産

何故、日本の時計産業はクォーツ化という時計の大きな革新で先頭をきることができたのでしょうか。もちろん、当事者の努力ということはありますが、日本の時計産業ではそうした革新が容易であったということも見逃せません。精工舎の設立の最初のところでみたように、日本の時計メーカーは極力、部品から自分（ないし関連会社）で作り、それを組み立てるというシステムでした。これにたいしスイスは先進国だったこともあり、部品企業、組立企業間に高度な分業を成立させたシステムでした。スイスの国際競争力の秘密は、この高度な分業体制にありました。しかし、時計生産の自動化やクォーツ化といった全体を大きく変えるような技術革新の導入にとっては、この高度な分業関係は有利ではありませんでした。まったく新しい部品を必要としたり、それまでの熟練を意味のないものにしたり、ある生産部門での革新が他の生産部門の既存の利害を脅かしたりするからです。日本企業は一貫生産で、自分のなかに部品生産、組立工程をもち、また新しい部品の内製にも取り組みましたから、そうした問題は生じないのでした。

日本メーカーのその戦略は、部品生産が存在しないところから時計製造を開始せざるをえなかったこと、また、携帯時計生産が困難で精工舎だけしか生き残れなかったことなどによりますが、何といってもその戦略を初めに追求したのは金太郎でした。その意味では、金太郎の戦略が七十数年後になって大きな果実を生んだともいえるでしょう。

新分野へのりだす

諏訪精工舎は、クォーツ式腕時計の開発と並行して、子会社の信州精器株式会社（のち、エプソンと改称）でプリンタの開発も始めました。これも、腕時計生産にかかわる細密技術や素材技術の応用でした。昭和四十三（一九六八）年に小型電子プリンタを開発します。昭和六十年、その子会社のエプソンと合併して、セイコーエプソン株式会社と改称しました。腕時計から、ＩＣ、液晶、プリンタ、パソコンなどエレクトロニクスに進出して、セイコーの各事業のなかではもっとも大きく成長しました（平成二十年度の連結売上高は約一兆一〇〇〇億円）。

ＳＩＩ（セイコーインスツルメンツ）の建物

第二精工舎も、昭和四十五年ころから他分野への進出を始め、電子部品、携帯情報端末、コンピュータ周辺機器、電子辞書などの生産を行なっています。昭和五十三年にセイコー電子工業、平成九年にセンコーインスツルメンツ、平成十六年にセイコーインスツル株式会社と改称しました（平成二十年度の連結売上高は約二〇〇〇億円）。

セイコー・グループの現在

服部時計店は、昭和五十八（一九八三）年、服部セイコー、平成九年にセイコー株式会社と改称し、平成十三（二〇〇一）年には持株会社となり、精工舎の後身のセイコークロック株式会社、セイコーウォッチ株式会社、セイコープレシジョン株式会社、およびセイコーインスツル株式会社などを統括しています（平成二十年度連結売上高は約二〇〇〇億円）。平成十九年にはセイコーホールディングス株式会社となりました。金太郎の大志であった、世に事業を残したいという思いは、大きく花開いたのでした。

三、金太郎をふりかえる

急ぐな休むな

金太郎は、ある時、人生の教訓を求められて、「急ぐな休むな」といいました。「初めから駈け出して途中で息が切れ、どうにもこうにも行けなくなるよりも、少しづつでも休まずに続けた方が間違いがない」ということですが、金太郎の生涯をふりかえるとその思いが強く感じられます。時計の国産化という一つの大きな目標にむけて、いろいろな障害はありましたが、一歩一歩進んでいったのでした。一つの大きな目標をあきらめなかったこと、それを着実に進めたことに金太郎の事業の特徴があります。時計の国産化という目標をもった商人、事業家はたいさんいました。しかし、懐中時計に関していえば、金太郎以外の人々は撤退していってしまいました。この格言は、金太郎の生涯のあり方をよく表現していると思います。事実、金太郎は、このことを従業員にも常に諭していたといいます。

それは、ある意味では保守的な事業態度のようにもみえるかもしれません。一つの事業を守り、勤勉に働けというのは、よく江戸時代の商人の家訓にみられることです。しかし、金太郎はまったくそうではありませんでした。前に、「石の上にも三年」という諺に金太郎が「日進月歩の今日では精々石上に三日位なもので、私は三年などと云う長い間一つ事に辛抱して居る事が出来ない」といったということを紹介しましたが、金太郎は、常に新しい事業のやり方を目指す革新者でした。金太郎の事業が成功した大きな要因は、この革新性でした。いち早く横浜の外国商館との取引に成功したこと、それに満足しないで直接、外国から輸入しようとしたこと、製造に着手したこと、いちはやく腕時計生産にとりくんだことなど、常に時代を先取りした事業の展開でした。

一歩先を進め

しかし、「革新」というのは「発明」とは違います。新しいやり方を考えつくということと、それを実行して成功することの間には大きな距離があります。金太郎は、この点で面白いことをいっています。「すべて商人は、世間より一歩先きにすすむ必要がある。ただし、ただ一歩だけでよい。何歩も先にすすみすぎると、世間とあまり離れて予言者に近くなってしまう。商人が予言者になってしまってはいけない」。あまり革新的ではかえってよくないといっています。金太郎はつねに一歩だけ先にいったのでした。革新者でしたが、堅実な革新者だったのです。

しかし、どうしたら一歩だけ先を行くことができるのでしょうか。金太郎は、この点でも面白いことをいっています。「常識は利益の門戸を開く鍵なり」というのです。商品の価格づけ、詐欺を見破る、急な注文を捌くなど、商売には常識が重要だといっています。また、同じこととして「中庸」ということも度々、あげています。「余は処世の方針として……中庸を得たいものだと思っている」、「私の今日を築いたのは実に、私利私欲を離れて、あせらず中庸を目指して、有功に誠実に薄利多売をモットーとして奮闘努力して来た結果である」、などです。「常識」や「中庸」が大事だと思っていたということは、世間からはそう離れないことが重要だと感じていたということでしょう。

もちろん、その「常識」や「中庸」は世間並という意味ではないでしょう。ある種の判断の仕方という意味だと思います。金太郎が最晩年に書いたものに、「物事を見極める力」という一文があります。そこで金太郎は、「人間の成功失敗は決して運ではなく……その由って来る原因がなくてはならない」とし、「先ず物事を見極める天分が何より大切である。私の今日比較的大をなし得た所以も、この見極める力があったからで」あるといっています。革新的だが間違いのない判断力が、金太郎の成功の大きな要因でした。

私欲を離れる

前の文章のなかにあるのですが、金太郎は、世に成功者と呼ばれた人が往々、たちまち失敗してしまうことがあるが、その大部分は欲にとらわれすぎたからであり、自分は「常に私利私欲を離れて国家的見地に立ち、飽くまで社会奉仕的に働いてきた」といっています。金太郎は、最初のころは商人として成功することを目標として働いていましたが、時計製造業に着手するころから、「世に事業を残」すこと自体が目標になる傾向が強くなりました。国家的な、ないし社会奉仕的な見地が重要になっていったのです。

そのことは、昭和五（一九三〇）年の服部報公会の設立にも現われています。金太郎は、各種の社会事業への寄付を惜しみませんでしたが、七十歳の古希を迎えたのを機に私財三〇〇万円を投じて、発明発見、学術研究、教育などの事業を促進するための財団法人を設立しました。今の言葉でいえば、イノベーションを促進するための支援機関の設立ですが、大学の研究費が限られていた当時としては、貴重な存在となりました。翌

晩年の服部金太郎

昭和六年の精工舎の時計生産高が二三〇万円でしたから、この三〇〇万円という金額が当時の金太郎にとっても少額ではなかったことが分ります。それを、発明発見の促進に使おうとしたところが金太郎らしいと思います。あくまで世の中を進める（革新）ことが重要だと考えていたということではないでしょうか。

非凡な平凡

金太郎は、しばしば自分の人生を振り返り、自分は一攫千金で富を築いたわけではないので、平凡で他の人には興味のない生涯だということがありました。また、あまり自分のことは語りたがらない性格であったとも伝えられます。

もちろん、金太郎の生涯は平凡なものではありません。非凡な人生であったことは誰れにでも分ることです。しかし、同時に、「平凡」や「常識」、「中庸」、愚直に一つの道に急がず休まずとりくむ事、などの価値も示しているように思います。

王子製紙の藤原銀次郎は、「服部さんは天成の紳士であった」といっています。晩年の写真をみてもそのことは良く分りります。藤原は、「白髪端正な服部さんの風姿に接するごとに、これが昔の小僧さん出身かと、幾度もその然ることをうたがった」といいます。生来の紳士であったようにみえるのでした。金太郎の生涯は、あたかも自然に事業に成功したかのような、平凡にみえるような非凡な人生であったのではないかと思います。

丁稚から世界の松下（パナソニック）へ

松下　幸之助

まつしたこうのすけ

明治二十七（一八九四）年十一月二十七日、和歌山県海草郡和佐村に生まれ、平成元（一九八九）年四月二十七日没する。九歳で丁稚奉公にあがり、電気に注目して松下電気器具製作所を創業。次々と独特な家電製品で成功し、世界の松下を作り上げる。

第一章　逆　境

一、松下の創業

熱　狂

昭和七（一九三二）年五月五日、三十七歳の松下幸之助は全店員一六八名を大阪・堂島の中央電気倶楽部に招集しました。後に有名となる企業経営についてのある基本的な所信を表明するためでした。何事ならんと待ち受ける店員に、とうとうと信念をのべた幸之助は、こう付け加えます。

「諸君は縁あって松下電器に職を奉ずる以上、わが松下電器の使命に絶大なる歓喜と責任を自覚しなくてはならない。この責任を自覚しないものは遺憾ながらいわゆる無縁の衆と断じなければならない。例え人数は寡少であっても、同じ使命に生きるものが堅き団結のもとに力強く使命に向って邁進してこそ、無上の生きがいあるものを感じるのである」

聴衆は感動しました。幸之助自身の回想では次のようです。

「上席店員も立った。新人の者も立った。老いた人も青年の意気に魅せられて、思わず壇上に飛び上がり、しばし無言のまま手を打ち振り、武者ぶるいに全身戦慄する者や、または可憐なる見習店員が一語一語に力強く檀下を睥睨し、使命に殉ぜんことを誓った……われ先に壇上に上がろうとして、押しかけ押しかけ列をなし、その止まるところを知らず」

松下幸之助の生涯をお話しようとするとき、まず浮かんでくるのはこの光景です。これが、幸之助の「これまでの人生を振り返ってみたとき、私にとって最大の転機となった」ことだからなのですが、それだけでなく、こんなに人を引きつけ、感動させる人とはどんな人なのだろうか、と思わせるからです。

創業記念日

パナソニック株式会社（以下、松下と略称します）の創業記念日が何時かを知っている人は、松下関係者を除いて多くはないと思います。現在、松下で祝われている記念日は右の会合が行なわれた五月五日です。しかし、これは松下幸之助が「松下電気器具製作所」を創業した日（三月七日）ではありません。松下では、現実に創業した日ではない日を創業記念日としているのです。それは、何故なのでしょう。実はそこに、これからお話する松下幸之助という人と松下という企業の特徴が象徴されているように思います。そのことも含めて松下幸之助の人となりを振り返ってみましょう。

二、生い立ち

松下家と幸之助の誕生

松下幸之助は、明治二十七(一八九四)年十一月二十七日、和歌山県海草郡和佐村(現和歌山市禰宜)に父・政楠、母・とく枝の八人兄弟の末っ子として生れました(佐藤悌二郎『松下幸之助・成功への軌跡』)。和歌山市の中心部から東へ七、八キロメートルほど紀ノ川をさかのぼった、紀ノ川の南岸に連なる農村地帯でした。松下家は古くからの旧家で小さな地主だったといいます。父は村会議員に選ばれるような家柄でした。ですから、幸之助は農村のなかでは裕福な家に生れ、かわいがられて育てられました。夕暮れに子守の背中におぶさって、子守唄を聞きつつ村の畦道をうとうとしながら家へ帰ったことをうっすら憶えているといいます。

ところが、突然の不幸が襲います。父・政楠が米相場で大損して、先祖伝来の田畑、家屋敷を手放さざるをえなくなったのです。地方の地主が米穀や株式などの投機に手を染めて没落するというのは、このころから昭和期にかけてよくみられたことでした。政楠の場合も、家屋敷を手放すほどの大損をだしたわけです。

一家は住み慣れた和佐村を離れ、和歌山市内の目抜き通りに移り、父は下駄商を始めます。このとき、幸之助は満四歳（以下、幸之助の年齢は満年齢）の幼児でした。このことがなければ、幸之助の生涯は相当違ったものになったことは確実です。農村の小地主の子息として、長男がそうであったように、中学校に通うなどある程度の教育を受け、順調に社会にでていったものと思います。しかし、そうした道は閉ざされてしまいました。幸之助の波瀾の人生が始まります。

和歌山県海草郡和佐村字千旦ノ木（現和歌山市禰宜）の生家。松下家は小地主で古くからの旧家であった。屋敷内には松の大木がそびえ、近隣の目印として「千旦の松」と呼ばれていた。

災いは続く

父の下駄商は結局うまくいかず、一、二年で店を畳まざるをえませんでした。父は小金ができるとこりずに相場に手をだしたといわれ、そんなことが店を畳んだ原因の一つになっていたのかもしれません。一家はますます窮迫し、住

明治時代の和歌山市内の様子(『目で見る和歌山の百年』)

まいも目抜き通りから裏長屋へ移り、そのなかでも一番小さい家に住むありさまでした。

しかも、兄弟が次々と亡くなります。次兄が明治三十三(一九〇〇)年に、次姉と長兄も翌年に病没します。両親の精神的打撃は想像するに余りあります。父は、明治三十五年、単身で大阪にでて盲唖院に勤務します。

幸之助は、明治三十四年、和歌山市内の小学校に入ります。しかし、幸之助自身も病気で小学校を一年間、休まざるをえないような状態でした。

三、奉公にでる

母との別れ

当時の小学校は四年で修了するのですが、卒業数ヶ月前の四年生の明治三十七(一九〇四)年十一月、大阪の父から手紙が届きます。知り合いの火鉢店で小僧を探しているので幸之助をよこせというものでした。話はすぐ決まり、幸之助は小学校を中退して、単身、大阪に出発することになりました。

母・とく枝にとっては末っ子の幸之助はとくに可愛く、九歳で他人のもとに手放すのはつらかったでしょう。母は幸之助を駅で汽車に乗せるとき、涙ながらにこまごまといいきかせ、大阪にむかう乗客に幸之助を頼むと何度も何度も頭をさげたといいます。幸之助は、母との別離の寂しさ、まだ見ぬ大阪へのあこがれ、初めて汽車にのるうれしさ等、いろいろな思いがつのり、この晩秋の情景をのちのちまで忘れることはありませんでした。

白銅貨五銭に感激する

奉公先の宮田火鉢店は、島之内八幡筋（現在の大阪府中央区西心斎橋二丁目）にありました。そこでの仕事は子守、掃除や火鉢の磨きでした。火鉢の磨きは手が腫れ上がってしまうので大変でしたが、それより母恋しさの方がつらかったといいます。しかし、翌月、初めてもらった給金に幸之助は感激します。白銅貨五銭でしたが、生れて初めて自分で働いてもらったお金であり、それまで手にしたこともない白銅貨でした。「うれしさに母恋しさも忘れ、天にも昇る心持ちだった」そうです。後、九十歳を超えてから、いままで一番うれしかったことはと問われて、このときのことをあげています。幸之助にとっては記念すべき一瞬でした。

しかし、火鉢店での奉公は長くは続きませんでした。火鉢店が店を移転することになったからです。幸之助は、親方の知り合いの五代音吉の自転車店に奉公先を変えます。明治三十八（一九〇五）年二月、場所は船場*堺筋淡路町（現大阪市中央区淡路町）でした。

当時、自転車はちょうど流行を始めたところでした。アメリカ製やイギリス製の輸入品が多く、一台一〇〇円以上もする、貴重なものでした。つまり、幸之助は当時のハイテク製品の販売にふれることになったのです。しかも、場所は大阪の商業・金融の中心地「船場」でした。ここで幸之助は、いわゆる「船場商法」をたたきこまれることになります。

丁稚の生活

ここでは丁稚*は朝五時に起き、朝晩の拭き掃除、商品の手入れ、自転車修理、得意先へのお使い、集金などで終日働き、夕方七時ころに終わりますが、夕食後も十時ころまで店番をしました。休日は盆と正月だけでほとんど年中無休でした。

船場
大阪市中央区の土佐堀川、道頓堀川、東横堀川、西横堀川の堀に囲まれた地域。豊臣時代から商業の中心地として栄えている。

丁稚奉公
江戸時代以降の商家における年少の住込奉公人。主として縁故によって一〇歳前後で雇用され、基本的には無給で、家内の雑役などに従事する。一八歳前後で元服して手代となり、一人前の商家奉公人として扱われた。

幸之助は、自転車修理は好きだったので働くのは苦にはなりませんでした。また主人の五代音吉とその夫人の間には子がなかったこともあって、いちばん年少の幸之助は厳しいしつけは受けつつも可愛がられました。幸之助も美しい奥さんを慕っていました。

この頁の写真は、現存する幸之助の写真としてはもっとも古いものですが、五代夫人と撮影したものです。ある日、五代商店では店の記念日に一同の写真をとることになりましたが、幸之助は使いにでていてその時間に間に合いませんでした。急いで帰ってきましたが、写真屋さんは帰ったあとでした。幸之助は、期待していただけに悲しくて泣きだしてしまいます。五代夫人は、「幸吉ッとん（船場では丁稚はこういうふうに呼ばれます）、かわいそうや」といって写真屋に幸之助を連れて行き、二人だけの写真をとったのでした。それだけ可愛がられていたということでしょう。綺麗な奥様と一緒に写真に収まる幸之助の得意が想像できます。

五代商店の夫人（ふじ）と幸之助

船場商法

この丁稚奉公の生活は後の幸之助にはとても大きな

影響を与えました。商売の基本を学んだからです。日々の細々とした出来事のなかで、頭の下げ方から言葉遣い、身だしなみ、行儀を躾けられたのはもちろん、お客との応対や主人とお客とのやりとりを聞きながら、商売というものの成り立ちを身につけていったのでした。

例えば、幸之助のお辞儀の仕方は独特でした。後に松下が大企業に成長しても幸之助は常に礼儀正しく、販売店の謝恩会などでは若い店員にまで丁寧にお辞儀をしましたが、その頭のさげ方は独特で、かなり深々と頭を下げるのですがけっしておおげさではなく、おのずと人柄がにじみでるようなものだったといいます。丁稚時代から仕込まれたものが身についたのでしょう。

また、商売のやり方についても学びました。五代は商売については非常に強い信念をもっていて、値切る客に対して、利益をなくして販売するというような商売は長く続かないし、サービスもできなくなるといって断り、自ら決めた値段から値引きしない方針を固く守ったといいます。また、集金も厳格でしたが、その一方でお得意に対しては奉仕を常に心がけ、販売した品物の調子を聞きに回ったり、盆や正月には必ずお礼にいきました。適正な利益、価格、お客へのサービスの徹底など、後の松下の販売方針の基本となる考え方は、この奉公時代にたたきこまれたのでした。

しかも、そうした商売の基本を学校で学習するようにではなく、個々の出来事のなか

大阪の商業の中心地、船場の様子（『写真集なにわの今昔』）

から学んでいくのでした。ある時、幸之助は表のゴミをちり取りにとってゴミ箱に捨てようとします。五代は、「ちょっと待て、このゴミをみせろ」といいます。「それ、この紙クズや木クズはふろ場のたき口に持っていけ。ミカンの皮は日に干しておけ。そして泥や砂は元へ戻しておけば、なにもゴミ箱へ捨てるものはないではないか」と教えます。これは、節約を説いてはいますがケチとは違います。船場の商人が昔からよくいう「始末」という考え方です。無駄なことにはお金は使わないが、必要なものには支出を惜しまないという商人の規範です。これも後に幸之助の企業経営の基本となる考え方になりました。

深く考える

五代は、商売は厳しいものだ、真剣勝負と同じだといいました。大きな困難にぶつかると、どうしたらよいかとあれこれ思いをめぐらして、眠れない夜を幾晩も明かす。心配しぬき、考えに考え抜く。とうとう尿に血がまじって赤くなる。そしてはじめてどうすべきかが分り、心が安定し、新しい光が見えてくるのだと教えました。

これは幸之助による回想なのですが、まったく自身のことをいっているように聞こえます。幸之助も深く考える人でした。思い悩んで眠れない夜を過ごしたり、考えに考え抜いて、ようやく新しい道を発見することがこの先、何度も訪れることになります。

真剣さが人を動かす

「進退極まる」という言い方があります。いきがかりで行くも退くもできなくなるような状態で、多くの人はそうしたことを経験します。幸之助も何度もそうした経験をくぐり抜けていくことになるのですが、この奉公時代には次のようなことがありました。

幸之助は丁稚で商売を仕込まれていたわけですが、いつか自分も自転車を売ってみたいという思いが募ります。その機会がついにやってきました。ある蚊帳問屋から自転車を買いたいのでもってきてほしいという電話が入りましたが、あいにく番頭がいません。五代は幸之助にともかく自転車をもっていけと命じます。幸之助は喜んで持参し、懸命に説明します。先方は子供が熱心に説明するので、頭をなでながら「お前なかなか熱心な、かわいい子供だね。よし、買ってやるから一割引いておけ」といいます。幸之助はうれしくて「一割も負かりません」とはいえず、「店に帰って主人にそう言います」といって店に帰りました。

ところが五代は、「幸吉、一割も引いてどうすんのや。五分だけ引くともう一度言うてこい」とつれない返事です。幸之助は、今一度言いに行くのがいやで、そう言わんと負けてあげてくれと言いつのり、ついにシクシク泣きだしてしまいます。「お前はどっちの店員か」と五代は叱りますが、幸之助はなかなか泣き止みません。

明治後期の自転車。当時、自転車を所有できたのは富裕層に限られていたので、記念撮影などにはよく自転車が脇におかれたものであった。

そこへ先方の番頭が、返事が遅いのをいぶかって訪ねてきます。事情を聞いて幸之助の純情に感動したのでしょう。帰って先方の主人に伝えます。先方の主人は「それは面白い小僧さんだ。小僧さんに免じて五分引きで買ってやろう」といってくれました。当時の自転車はとても高価なものでしたから、五分の違いは少額ではありません。こうして幸之助は念願の自転車の販売に成功します。のみならず、先方の主人は、「君が五代にいるあいだ自転車は五代から買ってやろう」とまでいってくれました。幸之助は難関を突破したのでした。真剣さ、思いの強さで人を動かし難局を突破できたということは、幸之助にとって貴重な経験になりました。

また、こんなこともありました。一緒に働いていた同輩が店の品物をごまかして小遣いにあてていたことが発覚しました。五代は、その男が小才がきいていたことや一度は許してやろうということから、訓戒して終えようとしました。しかし、幸之助はそれは許せません。「それははなはだ遺憾千万でございます。親方がそういうふうになさることは私はええ思います。けど、私はひまもらいます。私はそういうことをした男とともに仕事をすることをいさぎよしと思わんのです」。とうとう五代はその男を解雇しました。少年らしい潔癖さが主人を動かしたのです。しかし、そのおかげで店は非常に明朗になり、発展していったといいます。筋をとおすことが人々の働き方を変えるという経験をしたのです。これも幸之助にとっては大きな教訓となりました。

四、電気こそ未来

電車をみながら

これまでの幸之助の人生は、自らの意志によるものではなく、境遇のおもむくままにしたがってきたものでした。しかし、幸之助も自分の将来を考えてよい時期にさしかか

大阪の街を走る市電。大阪市営電気鉄道は、明治36（1903）年開業し、次々と路線を拡張していった。(『写真集なにわの今昔』)

ります。

当時、大阪には市電が敷設されるようになっていました。新しく通る電車をみながら考えます。「電車ができたら自転車の需要が少なくなり、その将来は楽観できまい。同時に反面、電気事業の将来は？」。幸之助は動揺します。「まことにすまぬがお暇をもらおう、そして転業しよう」と決心したのでした。初めて幸之助が自分の人生を選びとった一瞬でした。しかもそれは電気という新しい技術への転身でした。

しかし、五代に奉公して六年にもなります。恩義もありますし、愛着もあります。しばし煩悶しましたが、長姉の夫だった亀山に打ち明け、電燈会社（いまの電力会社）への就職を依頼します。それでも、主人に暇をくれといいだせません。いいだせない日が続いていきます。とても尋常のことではだめだと思い定めた幸之助は、母病気の電報をうってもらい、それを理由に五代のもとを離れ、それきり戻りませんでした。後に手紙で委細を報告し、許しを請うたのでした。

セメント運搬をする

明治四十三（一九一〇）年六月、十五歳の幸之助は足かけ七年に及んだ奉公生活に終止符をうち、新たな生活にのりだします。大阪電燈株式会社に就職を望んだのでしたが、欠員が生じるまで待つようにいわれ、とりあえず義兄が勤める桜セメントという会社で臨時運搬工の仕事につきました。

しかし、セメントの運搬は十五歳の少年には厳しいものでした。セメントのトロッコが遅れていくと後ろから「こらチンピラ早うゆけ、轢き殺されるぞ」と罵られるのでした。それでもだんだん慣れることができ、非力ながらもどうにかその日の仕事ができるようになったのでした。

このセメント会社に通うには、港から小蒸気船にのっていくのでしたが、夏のある日、幸之助は帰りの船の舷に座り、快い潮風に仕事の疲労を癒していました。すると、そばまできた船員が突然、足をすべらし、海中に転落します。そのとき、幸之助もまきこまれてしまったのでした。「アッ」というまもなく海中に投入され、なにがなにやらもがいて海上に首をだしたときには、船が数百メートル先で反転しつつあるのがかすかに見えました。驚くこともわからないくらい無我夢中で泳ぎました。幸い、夏だったこともあり、船が戻ってくるまで浮かんでいることができたのでした。冬なら助からなかったでしょう。幸之助は、このことで自分は運が強い人間だと思うようになります。

大阪電燈へ

セメント会社で働くこと三ケ月、ようやく幸之助は大阪電燈*に内線係見習工として入社しました。明治四十三（一九一〇）年十月のことでした。内線係というのは、電気の屋内配線工事を行う仕事でした。当時、電気は、個人が使用するものとしては電燈だけであり、電熱器などの利用はありません。電気は電燈会社の人たちだけが取り扱いできる、こわいもの、ちょっと触れても命がないものというような観念が強い時代でした。電燈会社の職工でも、ある種の敬意を受けていました。幸之助は、配線という仕事自体にも興味を覚えましたが、いろいろな家庭を回り、様々な性格の人と接することが愉しく、仕事の苦痛というものは全然感じませんでした。

当時の職工の間では、技能を誇る気風があり、技能が優れ

大阪電燈会社
明治二十（一八八七）年、大阪財界によって設立された電力会社で東京の東京電燈と並ぶ有力会社であった。大正十二（一九二三）年、大阪市に買収される。関西電力の前身の一つ。

大阪電燈入社当時の幸之助

関西商工学校。幸之助は大正2（1913）年から翌年にかけて通学した。

たものが幅をきかしていました。幸之助は、熱心だったこともあり、技能に優れていました。三ヶ月ほどで見習工から担当者に昇進します。一人前の職工になったのでした。「若くて偉いなあ」と出先ではもてはやされますし、特別の工事にはよく名前を指名されるなど、幸之助は得意でした。

このとき、幸之助は同僚につよく勧められて夜学に通いました。十八歳のときに関西商工学校*の予科に一年通い、予科を修了しました。しかし、筆記するのが苦手で本科を修了することはできませんでした。

この間、幸之助は家族を次々と失います。父は奉公していた十一歳のときに亡くなり、母も電燈会社に入って四年目の大正二（一九一三）年に他界します。父の亡くなる数ヶ月前には五人の姉のうち、二人が亡くなっていました。この頃、幸之助の家族で残っていたのは、二人の姉だけでした。

長姉は、跡取りがいなくなるのを心配して、幸之助

若いときの幸之助とむめの

に結婚を迫ります。見合いの話を次々と持ち込みます。まだ若い幸之助もその気になったのでした。

幸之助、二十歳の五月に淡路出身の女中見習い中の女性と、とある芝居の看板の下で見合いをしました。雑踏のなかでの見合いですから、お互いに顔をよく見られませんでしたが、義兄が「決めとけ、決めとけ、そう悪くはないぞ」とのことで結婚してしまうことになります。井植むめのとの出会いでした。実は、このむめのの弟が歳男、祐郎、薫で、戦後、三洋電機を創業し、発展させていくことになります。戦前は幸之助の事業を助ける有力な人材でした。幸之助は、この結婚で事業感覚豊かな逸材をも手に入れることになったのでした。

仕事への懐疑

幸之助は、二十二歳の春、検査員に昇進します。検査員は、工事の良否を検査する仕事で、責任はありましたが労働は楽でした。したがって工事人からは羨望のまとで、し

関西商工学校
明治三十五（一九〇二）年、平賀義美によって設立。大阪府西成郡鷺洲町大仁に校舎建設。昭和二十三（一九四八）年、大阪大倉商業高等学校と合併し、関西大倉高等学校、中学校として新発足。

かも幸之助はいちばんの年少でしたから、はじめは意気揚々でした。しかし、だんだん、幸之助にはこの仕事が物足りなく思えてきました。朝、九時ころ会社をでて、要領がよければ、二、三時間すれば済んでしまうような仕事は楽でよいようですが、考えようによっては物足りないものでした。幸之助は仕事に前のような熱が入らなくなっていきます。

しかもこのころ、幸之助は体調がすぐれなくなります。元来、幸之助は体が弱く、カゼをしょっちゅうひいていましたが、医者に「少し肺尖がおかされている」といわれ、弱気になります。せきがでて、寝汗をかき、体重が減ってきます。幸之助の家族はこれまで次々と呼吸器系の病気で死亡しています。次は自分かと思っても不思議ではありません。幸之助の恐怖は容易に想像できます。こうしたことから、「自然、ものを深く考えるというような傾きになっていった」と幸之助は回想しています。ますます自分のいまの仕事に懐疑的になっていったのでした。

ソケット

他方、その考えは、具体的な方向にも向いていました。日頃、手にしているソケットの改良でした。差し込みが容易になるような改良を加え、会社のソケットをその方式に

大正6（1917）年、幸之助は検査員に昇進した（22歳）。

変えてもらおうとしたのでした。試作品を製作し、主任に見せます。幸之助としては自信作です。しかしあにはからんや、主任は「松下君、これは君だめだぜ。問題にならんね」といいます。幸之助は、とっさに二の句もつげませんでした。主任の前を去るときには落胆で泣きかけてしまいます。主任は無理解だ、鑑識眼がないと思い込みます。

検査員としての仕事への懐疑もあります。こんな仕事を続けてよいのかという思いと、改良したソケットをなんとかものにしたいという思いとが交錯し、煩悶します。

「よし、やめよう。そしてソケットを、電気器具を製造しよう」と決心します。改良したソケットを製作し、会社に購入してもらおうとしたのです。主任はダメだといったがそれは見誤っているのだと思ったからでした。安逸な仕事と生活を捨て、新しいスタートをきることを決意したのです。

「それは一つの潔さからくる決心であって、その心境のうえに立つ時、私の真の勇気も一層強くなった」と後に回想しています。

これがパナソニックが創業する瞬間でした。深く考え抜いた末に大胆な行動を開始する、幸之助の行動力がよく現れています。しかし、それは幸之助にとっては苦難のはじまりでした。というのは、見誤っていたのは実は幸之助で、主任は

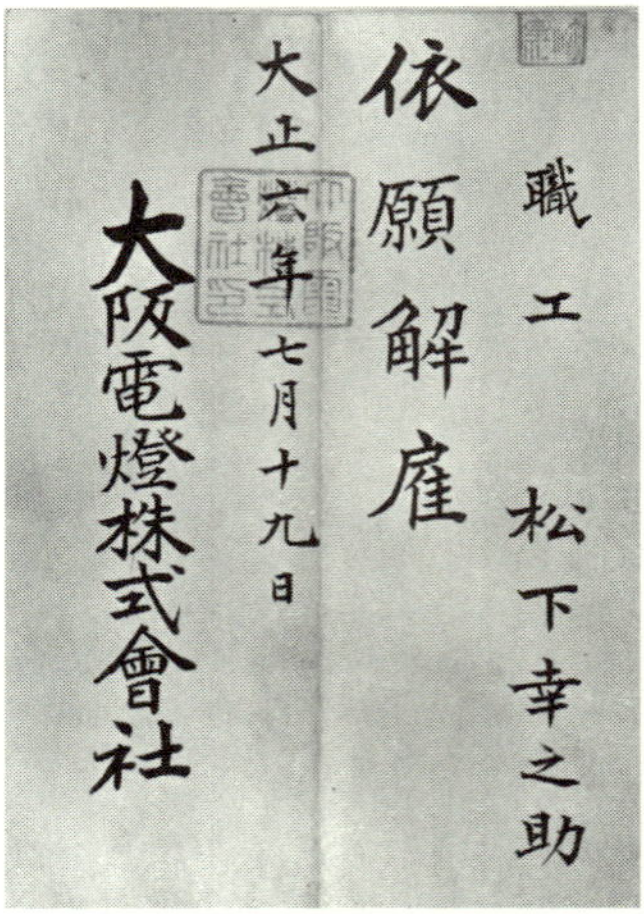
職工 松下幸之助
依願解雇
大正六年七月十九日
大阪電燈株式會社

大正6（1917）年、大阪電燈を退職したときの辞令。

正しかったからです。

大正六（一九一七）年七月、幸之助は大阪電燈を退社します。

第二章　開業

一、失敗

昂揚

ソケット製作を決意したのはよいのですが、資金はあまりありません。退職慰労金と会社への積立金、それまでの貯金を集めても百円に満たない状態でした。ただ、人手は、妻の弟、井植歳男を呼び寄せたのと、大阪電燈で働いていた時の友人二人が一緒にやってくれることになりました。製作場は、当時、幸之助が住んでいた平屋の二畳と四畳半のうち、四畳半の半分を土間にしてあてましたから、寝室は二畳でした。資金はとてもたりないので、一緒にやってくれている友人の友人を頼り、もう百円を借りました。「こんな具合でなにもかも無茶苦茶」でしたが、「前途の光明にからだじゅうが奮っていたのでした。

しかし、最大の問題は製法です。ソケットの胴体となる練物の製法がまったく分から

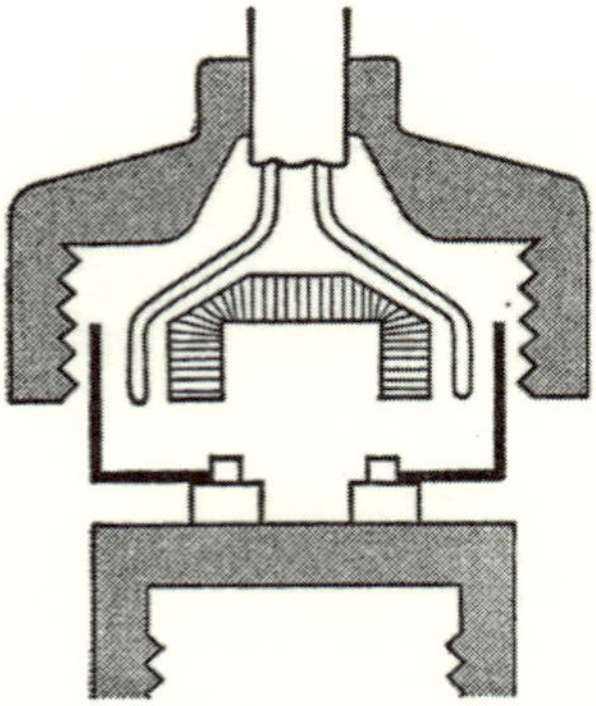

幸之助が考案したソケット（大正6（1917）年1月、実用新案第42129号として登録）。高下駄の歯が抜けて困っている老婆の歯を入れてやりながら、その要領でソケットを改善することを着想したという。

なかったからです。当時は練物*製造は新興の事業で、各工場はその製法を秘密にしていたのでした。幸之助は、練物を製造している工場の付近にいっては、落ちている原料のかけらなどを拾って調査を重ねましたが、うまくいきません。そのうち、大阪電燈の元同僚が同じように練物の製法を習得するために工場の職工に入って技術を獲得したとの話を聞きます。その元同僚にかけあうと、快く製法を話してくれました。大阪電燈のときの人のネットワークが生きたのでした。

ようやくその年の十月に、少数でしたが待望のソケットができあがります。しかし、どう売ったらよいものか見当もつきません。友人がとりあえず電気屋を回って売り込みにかかります。その帰りを不安焦慮して待つ幸之助にもたらされた結果は、惨憺たるものでした。ほとんど売れなかったのです。約十日ほどの間に大阪市中を駆けずり回ってようやく百個ばかり、十円ほどの売上を得ただけでした。

このソケットは、電気工事人が電灯用のコードにソケットをとりつけるとき、作業を容易にし、事後の故障をなくそうというもので、工事人の作業時間は短縮できますが、一般消費者には直接の恩恵はそうありません。工事人の観点からの改良ですから、問屋が相手にしないのは当然だったのです。このソケット製作は失敗したことが明らかでし

練物
練り固めて作ったもの。とくに薬物を練り固めてサンゴや宝石などに似せたもの。

独立数年後の記念写真（大正7年）。後列左から、幸之助、井植歳男、むめの

た。幸之助は大きな衝撃を受けます。

友人二人は、「松下君どうする……僕らは心安い間柄であるから給料がどうのこうのということはいわないが、君も困るだろうし僕らも不安だから、もうこれは見切りをつけて、各自がまず自活の道を求めるというのがよいのではないか」といいます。状況からすれば当然の選択です。二人はそれぞれ、他の職を求めて去っていきました。

強運

しかし、幸之助はあきらめません。ソケットの改良にのみ熱中しました。資金もなく、窮状を打開する道もみえません。本来ならいろいろ悩むところなのでしょうが、幸之助の心中は「とても常識では判断できないような状態」でした。もちろん、幸之助の着物も妻の着物も質屋に入れてしまいました。

そうこうするうちに年の瀬も迫ってきます。収入もなく、

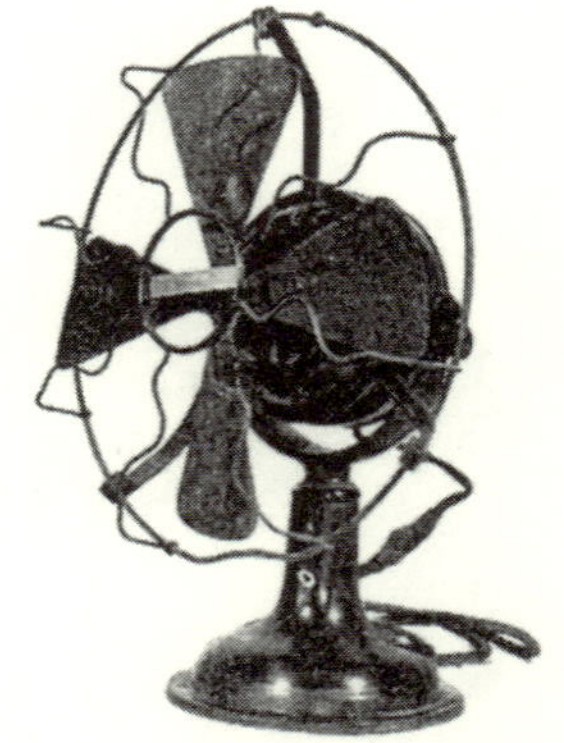

大正5（1916）年ころの扇風機。扇風機は家電製品のなかでは比較的早く普及を始めた製品であった。（『日本電機工業史』）

改良もうまくいきません。また、「進退極まる」状態になったのでした。しかし、そこへ思いがけない注文が入ります。ある問屋から扇風機の碍盤という部品の一〇〇〇枚の見本注文でした。川北電気という有名な電機メーカーが、当時、市場が成長しつつあった扇風機の碍盤を従来は陶器で作っていたものを、破損しやすいので練物で作ることになり、その製作をある工場が引き受けたのをさらに下請する注文でした。

見本を製作して先方にみせると、これでよいということになります。喜び勇んだ幸之助は、妻、義弟の三人で、昼夜兼行で製品を年内に仕上げます。十二月末に一六〇円の代金が入り、八〇円の利益がでました。仕事を始めて最初の利益で非常に喜びました。幸之助は器用なほうでしたから、仕上がりが良かったのでしょう。年を超えると早々、こんどは二〇〇〇枚の注文が入ります。幸之助は窮状を脱したのです。

ただ、これはまったくの偶然ではありません。そのタイミングのよさは幸之助の強運という以外ありませんが、その前のソケットの製作で練物の製法を獲得していたことが生きたのでした。また、大きくみれば、当時、成長しつつあった新産業である電気器具製作に進出したということがこの背景にあります。その意味では、最初の幸之助の企図が大きくいえば、はずれてはいなかったのです。

二、挑戦

普通の人は、あるところで成功すれば、そのことを続けていくことが多いと思います。幸之助はこうして練物製造で生活できる目途を立てることができました。しかし、幸之助は練物業者にはなりませんでした。器具の考案を続けたのです。

アタチン

少し余裕ができた幸之助は、もうすこし大きな家を借りることにしました。大正七（一九一八）年三月に大開町*（阪神電鉄野田駅付近）の借家に移ります。この家は、二階二間、下三間で、下の床を落として工場にし、二階で生活しました。ようやく町工場らしくなったのです。松下電気器具製作所の発足でした。

ここで、幸之助は碍盤のほか、自ら考案した「改良アタッチメントプラグ」（当時、アタチンと呼ばれていました）の製作を開始します。従来のアタチンは口金の精度が悪く、ソケットにねじ込むとガタガタとして接続しないことがたびたびありました。幸之助は電球の口金が精度がよいのに着目し、古電球の口金を集め、それを再生してアタチンにつけたのです。これで製造コストも二銭さがり、市価の三割安く販売できました。

大開町
大阪市福島区西北部に位置する。大正期には、住宅と工場が混在する地域であった。

しかも形もモダンだったので、非常に好評でした。練物の電気器具がついに成功したのです。幸之助、妻、井植の三人で夜、一二時まで夜業してもなお注文に応じきれない状態で、はじめて人を雇うことにしました。四、五人の人をいれ、碍盤とアタチンの製作に奔走します。

次に考案したのは、「二灯用差込みプラグ」でした。これはすでに東京や京都で製作されていましたが、品質的に改良の余地があったのでいろいろ工夫し、デザインを整え実用新案をとって発売したのでした。これは、アタチンにも増して大好評でした。

このプラグが好評をはくすと、大阪の吉田という問屋からその販売を一手に引き受けたいという申し出を受けます。大阪は吉田、東京はその取引関係のある川商店から一手

幸之助が考案した、アタッチメントプラグと二灯用差込みプラグ。

に売り出そうというのです。幸之助は、折角、好調なこのプラグの販売機会を逃さないためには、生産に集中し、設備を拡充して増産したほうが良いと考えました。そこで、吉田に販売を一手にまかせる代償として三〇〇〇円の保証金の提供を求めます。契約は成立し、幸之助はその資金で増産に集中しました。月産二〇〇〇個はまもなく五〇〇〇個にもなります。

ところが、四、五ヶ月すると東京のメーカーが対抗して思い切った値下げをしてきました。販売が思わしくなくなり、吉田にも値下げ要求が殺到します。契約には吉田の責任販売量の記載がありましたから、動揺した吉田は幸之助に契約の解除を申し出ます。しかし、先の三〇〇〇円はすでに幸之助の設備になってしまっています。それを月賦で返却することにして、契約の解除に応じたのでした。

幸之助は、生産量が増大したプラグを自分で売らざるをえないはめに陥りました。自ら大阪の問屋を回ると、製品が良かったせいで感触は悪くありません。これなら何とかなると、今度は生れてはじめて東京へ行って製品の売り込みにかかりました。はじめての東京にはとまどうことも多かったのですが、幸い、ここでも相当の注文をとることができました。この大阪、東京の問屋回り

大正7（1918）年3月に大開町で借りて工場とした家。ここが「松下電気器具製作所」創業の場所となった。

創業当時の幸之助（23歳）

は、すでに設備投資をしてしまっており、しかもその代金を返却しなければならないという、いわば背水の陣でした。そのことが真剣な努力を生み、販売することに成功したのでした。結果としては、資金も得、設備を拡張もし、自ら販売するルートも形成できたのでした。幸之助はまた危機を乗り越え、成長したのです。

この「差込み」と「アタチン」によって、松下電器は新しい型のものをしかも非常に安く作る工場であるという印象を業界にうえつけることに成功しました。この大正七（一九一八）年の暮れには従業員数も二十余名のそこそこの工場になったのでした。

誘惑

大正八年の暮れ、大阪電燈のときの知人が訪ねてきます。高等教育を受けた資産家の息子でした。幸之助の話を聞くと、「これは面白い。しかし、松下君、……一人でコツコツ薄資でやっていくよりも、この際相当の資本をほかから求めて大きく組織的にやってみたらどうか」と提案します。自分は資産家の親類が多いから五万や一〇万円くらいの資金は調達できるというのです。幸之助は動揺します。

一旦は考えてからと別れますが、決心できません。心の決まらぬまま、また知人の家を訪ねます。そこで相手の説得に負けてついに承諾してしまいます。「会社」や「取締役」といった、幸之助にとってはまぶしい言葉が脳裏をちらついたのでした。しかし、家に帰って静かに考えてみるとその決断は早まったと思えてきました。しかし、すでに相手の奥さんのいるところで承諾してしまっています。また、幸之助の進退は極まったのでした。

四、五日して、もう一度、検討してもらおうと意を決して知人の家を訪ねた幸之助は、思いがけないことに出合います。その知人は死去していたのでした。幸之助と別れたその日から急性肺炎にかかって二日ほどの患いで死去し、もう葬儀もすんでいました。あまりのことに幸之助は呆然とし、慰めの言葉もうかびませんでした。つくづく人生のはかなさを味わいましたが、この企図に選択の余地がなくなって安心もしたことでしょう。

もしこの試みに幸之助が乗れば、後のパナソニックはありませんでした。大きな誘惑が幸之助の前を通りすぎた一瞬でした。

歩一会

工場が少し大きくなると、別の心配がでてきます。人をどう使うかということです。

歩一会のレクリエーションの様子（大正14（1925）年、石山寺にて）

大正八（一九一九）年から九年ころは、経済は第一次大戦後のブームにわいていましたから、人を雇うのも大変でした。ともすれば他に移ってしまうからです。幸之助は、毎朝、「きょうも、きのう来た人がきてくれるかしら？」と工場の表に立って待ち受け、ようやく皆がそろうとほっとして仕事を始めるといった具合でした。

大正九年の三月には一転して厳しい恐慌がきて、人手は余るようになったので、そうした心配はなくなりましたが、こんどは労働組合運動が熾烈になって、思想面での心配がでてきました。

大正九年三月、幸之助は、事業を発展させていくためには全員が心を一つにしなければならないとして、「松下の全員が歩みを一つにし、一歩一歩着実に進む」体制を整えるために全従業員（自らも含め二八人）で「歩一会」を結成します。従業員の福祉増進、運動会などを行なっていくことになりますが、全従業員の団結を強めようとしたのでした。

自分の工場を建設する

このころ一般経済情勢は不況でしたが、幸之助の事業は順調でした。大正十（一九二一）年の秋になると、仕事場は手狭に感じられるようになりました。大開町に適当な一〇〇坪余りの貸地があったので、幸之助はそこを借りて新しい自分の工場を建設したいと思いました。そのとき、幸之助の手元にあったのは四五〇〇円ほどでした。しかし、工場と住居の建設の見積りをとってみると七〇〇〇円といいます。工場には機械も入れなくてはなりませんし、運転資金も見込むと一万二、三〇〇〇円は要りそうです。このときの幸之助には、銀行から借りるということができるはずもありません。大工と相談すると、棟梁は幸之助を信用してくれて、残金は月賦でもよいといってくれました。幸之助は多少、無理だとは思いましたが、是非とも自分の工場を持ちたいとの思いにかられ、建設に乗り出したのでした。

しかし、幸之助はその信用を裏切るわけにはいきません。「無理して建てたことが、はからずも私をして徹底的努力をなさしめた」のでした。事業にますます集中したのでした。

幸之助が初めて建設した自分の工場、本店（大開町）。

それにしても、九つのときからこの年二十七のときまで十八年、丁稚から始めてようやくここに自分の工場をもてた喜びはたとえようもありませんでした。「この工場の前途にどれだけ望みを持ったか。それは言葉にも言い表せない強いものがあった」と回想しています。

この工場に移る少し前、工場に掲示がでました。「これまではみんなは、歳やん（井植歳男のこと―引用者）とか、与吉とん（元木与吉―同）とか呼んできた。しかし、以後はそのような呼び方をしないように」。新しい工場で作業を開始したときには、従業員数は三十余名となっていました。

三、マーケティングに目覚める

自転車ランプ

そのころ幸之助は、よく自転車に乗って日々の用を足していました。日が暮れると口ーソク・ランプをつけます。しかし、風がふくとそれは消えてしまいます。風の強い日などにはその都度、マッチを擦る手間はまったく閉口したものでした。幸之助はそこで思いつきます。「なんとか火の消えない灯火があればよいがなあ」。

調べてみると、自転車ランプには、ローソク、石油、ガス、電池など幾つかの方法がありましたが、いずれも不満足なものでした。しかし、ランプの数は多いことがわかります。途中で消えない、しかも明るいものを作れば、かなりの販売量が予想できます。それにはやはり電池を利用するのがよいと思われました。

思いつくといてもたってもいられません。早速、図面をひき試作にかかります。ポイントは、従来のようにすぐ電池が消耗してしまうようなものでなく、一〇時間以上はもち、構造が簡単で故障しないことでした。しかし、やってみるとそう簡単にはできませんでした。半年の間、作った試作品の数はおよそ一〇〇個にも及びました。

大正12（1923）年発売の砲弾型ランプ

技術的隘路を突破するカギは二つありました。一つは、電池を専用のものにしたことでした。それまでの電池ランプの電池は市販の標準品でした。それだと、どうしても画期的なものはできないのでした。標準品を組み直して独特なものにすれば、ランプの形状は自由にできます。幸之助は砲弾型という独特な形状のランプを考案します。

もう一つは、このころ登場しつつあった「五倍球」という電力消費量が格段に小さい豆電球を採用したことでした。この五倍球のフィラメントの寿命を短くして明るさをだすようにすれば（電球の寿命と能率─消費電力あたりの明るさ─は反比例の関係にあります）、電池寿命とのバランスや明るさから自転車ランプには好都合ではないかと考えます。電池が二個半目に豆球が切れるようにすると、ローソクと経済性の点でそう変わらないということもわかりました。幸之助は、夜、寝るときに電池と豆球をつけておき、夜中に目を覚ますたびに豆球の明るさをノートして、フィラメントの太さをどのくらいにすれば明るさはどうなるか、寿命はどうかということを確認したのでした。

その結果、従来のものが三、四時間しかもたないのに、一個の電池で三、四〇時間ももつものができました。一〇倍もの寿命をもつ革命的な製品の誕生です。構造も簡単、格好もよいものです。売れるに違いありません。幸之助は喜びます。時は、大正十二（一九二三）年三月のことでした。

電池ランプなんかダメだ

次に部品の調達にかかりました。砲弾型の木製ケースについては木管屋に製作を依頼しましたが、月の生産量を約束してくれといわれ、二〇〇〇個と応えます。売れるという確信はありましたが、ほんとうに月二〇〇〇個がはけるかについては少し心配でした。乾電池は、カギとなる部品ですからよいものを調達しなくてはなりませんが、当時の松下では一流メーカーは相手にはしてくれないでしょう。二流メーカーの製品を集めて比較研究をして、一番よいメーカーと契約することができました。そしていよいよ六月末に販売開始です。幸之助は勇んで自ら問屋に売り込みにいきます。

しかし、問屋の反応は芳しくありませんでした。電池ランプは故障が多くて人気がないし、このランプは特殊電池を使っているので消耗したら交換に困る。それでは売れないだろうというのです。大阪はもとより、東京の問屋へも回りますが、皆、反応は同じでした。電器の問屋がだめなら自転車の問屋はどうかと回りますが、結果はもっとひどいものでした。幸之助はあまりにも予期に反した結果に驚きます。一方、木管屋との月二〇〇〇個の契約もありますから、生産は進んでいきます。早くしないと電池も消耗します。こんなはずではなかったという思いが募ります。またしても幸之助の進退は極まったのでした。

身を捨ててこそ浮かぶ瀬もあり

どうしたものかと幸之助は考えます。使ってくれさえすれば、このランプの良さは分かってもらえる。良さがわからないから売れないのだ、と考えます。とすれば、まず、売ることよりも使ってもらうことを先にしなくてはならい。どうしたら使ってもらえるだろうか。忙しい問屋相手ではそんな面倒なことを頼んでもだめだ。小売店相手にやろうと考えます。では、どんなことを。

ここで幸之助が行なったことは、とても大胆なことでした。ある意味では、当時の経営そのものを賭けるようなことでした。ランプの在庫はもう三、四〇〇〇個もたまっています。小売店にランプの使用実験をしてもらうといっても、すぐに販売に結びつくようなものでなければなりません。幸之助は、大阪中の小売店にランプを二、三個預け、そのうち一個を点灯して、「必ず三十時間以上、連続点火します……実験の結果、従来の電池ランプのごとく、短時間に消えたりしないで、ほんとうに長時間点火して、これなら実用に適するとお思いになったらあとの品物を売ってください」とすることにしました。とりあえず無料でランプを配ったのです。

外交員を三人雇って、大阪中の小売店を回ります。一日に持ってでる数は七、八〇個にもなりますから、金額にすれば相当な額です。しかも代金がとれるかどうか分りません。生産にはどんどんお金がでていきます。いつまでこんなことを続けなければならないのか、あらためて考えれば心細い限りです。幸之助は一万個もバラまけば反響はあるだろうと思っていましたが、その代金は一万五、六〇〇〇円です。もしそれがだめだったら事業は完全に行き詰まります。「全く松下工場の運命を賭した」のでした。

その反響は、少しずつでてきました。実験の結果に小売店は驚き、販売してくれるようになったのです。一〇日たち、二〇日たち、一月たつうちに、事情は好転し、預けたランプは代金が回収できるという見通しがたつようになりました。二、三ヶ月すると、外交員が回るのを待ちきれず、直接、注文がくるようになりました。直接、小売店に販売するだけで月二〇〇〇個くらいははけるようになったのです。

しかも、小売店は問屋にも注文をするようになります。最初、動かなかった問屋のルートが動き始めます。松下としても、小売店相手は手間がかかって大変です。値段は安くとも問屋相手の方が便利なことはいうまでもありません。あらためて問屋に取引を依頼し、小売店をそれぞれ問屋に引き継いで販売を委託しました。こうして当初の意図は実現したのです。また、窮すれば通じたのでした。

四、販売の工夫

代理店をおく

こうして大阪での販売はうまくいきました。では、東京など、他の地域はどうしたら

ランプ組立工場（大正14（1925）年竣工の第二工場、大開町）

よいでしょうか。同じことを繰り返すのは大変です。特定の代理店をおいて、それにあたってもらうのが良いと考えました。そこで新聞広告をだして代理店を募集しました。名古屋など各地に代理店ができていきました。

大阪については自ら問屋への販売ルートを作ったのでしたが、幸之助は製造に集中したいと思い、山本商店と府下の一手販売権契約を結びました。こうして、幸之助のランプを全国に売る体制が整っていったのでした。

大正十二（一九二三）年九月の関東大震災では、一時的に東京出張所を閉鎖するなど打撃を受けましたが、それを乗り切ると、ランプの販売はまた成長していきました。大正十三年九月にはついに月産一万個に達しました。

ランプの販売高が増加するにつれて、一つの問題が生じました。代理店からのクレームです。それは大阪での販売に関連していました。大阪は各地への集散地となっていましたから、大阪の代理店である山本商店が問屋に販売すると、その製品は各地に流れてしまいます。各地の松下の代理店にしてみると、その地の代理店契約を結んでいるにもかかわらず、同じ松下製品が大阪から流れてきてしまい、競争になってしまいます。それは不合理だということになります。他方、山本商店にいわせれば、自分は地方向けに販売しているのではなく、あくまで大阪の商人に販売しているのですから、何が悪いのかということになります。

そこで幸之助は、一度、山本を含めて各代理店を一同に集め、そこで話し合おうという方針をたてます。大阪に皆を集めますが、話は簡単にはすみません。双方、互いに自らの主張を繰り返しているだけでした。そこで山本が一つの提案をします。

それは、自分の販売政策を変更しなければならないのなら、代理店契約を解約するから松下は違約金二万円を払え、または、全国の販売権を自分に譲渡せよ、そうすれば皆、自分の得意先となるからその立場を尊重して商売をする、というものでした。幸之助は憤慨しましたが、その見解に感心もしました。自分は、ただ、皆を集めて円満にというだけだったのを、山本は問題解決のきちんとした筋道を提案してきたからでした。

幸之助は静かに考えます。せっかく作った代理店網を譲渡して、製造だけの下請的存在になるのは忍びないが、本業の電気器具製造に集中して販売はまかせたほうが良いの

大ヒットした角型ランプのホウロウ看板

ではないか。山本との交渉は難航しましたが、ついに全国販売権を与える契約を結びました。大正十四（一九二五）年五月のことです。契約期間は三年とし、山本は三万二〇〇〇円でランプの商標権、新案権を買い取り、月額一万個以上を販売することにしたのでした。

販売の工夫

　このことで、幸之助は一つのものを市場に売り出して販路を拡げていくこともたいへん難しいことだということを痛切に感じたのでした。もちろん、新しいものを考案し、製造することも容易なことではありませんが、たとえよい製品を作っても、自動的に売れていくわけではありません。ランプの場合は、販売するには工夫が必要なのでした。それまでの問屋相手から小売店相手へ、売るから使ってもらうへ、二重の発想の転換をしました。そうした工夫が決定的に重要でした。

ナショナルの商標。右は当初、左は昭和7（1932）年ころから使用のもの。

この教訓を得たことは、幸之助のこのあとの事業の展開にとってとても大きな意味をもっていました。

販売について考えるようになると、山本商店にまかせてあるランプの販売にもいろいろ意見をいうようになります。しかし、山本は商売には自信があり、幸之助の意見をなかなか採用しません。そこで一つの事件がおきます。

それは、幸之助が新しく開発した角型ランプの販売に関してです。取決めからいえば、それも山本商店が扱う商品となりますが、幸之助は自分で販売したいという思いを抑えきれません。そこで、角型の電器店関係だけは自分でやりたいと山本に申し出ます。砲弾型や角型の自転車店向けはこれまでどおり山本にまかせるという提案です。しかし、山本は納得しません。そんなにいうなら、代償として一万円払えといわれてしまいます。

幸之助は、山本との契約期間（三年）の終了を待つことも考えましたが、一万円払って角型の販売を自分でやることを決意します。当時の一万円は少額ではありません。ましてやまだ海のものとも山のものともわからない新商品のそれです。だからこそ、山本もそういったのだと思いますが、相当の決意を要する金額の支払いでした。

ナショナル・ランプ

この角型ランプは、松下にとっては記念すべき製品となりました。というのは、このランプの名前に幸之助は「ナショナル」とつけたからです。国民の必需品になろうというようなことも考えてつけたのでした。国民と結びついたブランドをつけたことは、幸之助の事業の方向として大きな意味があったと思います。

一万円も払って獲得した販売権です。自然、売り出しには力が入ります。前の砲弾型ランプの経験もあってか、幸之助は思い切った販売の方法をとります。実用性を示すのが第一と考え、市場に一万個を無料で配ることにしたのです。昭和二（一九二七年）年四月のことでした。一個一円二五銭するものですから、非常に大胆な宣伝であり、当時の松下としては大きな投資でした。

一万個といえば、そう簡単に配れる数ではありません。一〇〇〇個ほどを配ると今度は次々と注文がくるようになりました。売れ始めたのです。わずかの時間で市場は真価を認識し、大ヒット商品となりました。この角型は、自転車用のみならず、家庭内外の携帯用光源として広く用いられるようになります。ついには「ナショナル」が乾電池ランプの代名詞となったのでした。

アイロン

昭和二（一九二七）年、幸之助は、こんどはアイロンに目をつけます。アイロンは扇風機とならんで、今日、私たちの回りを囲んでいる家電製品のうち最初に家庭に入ってきたものの一つでした。しかし、当時のアイロンは高いものでした。三円五〇銭から四円もしたので、裕福な家庭向けのものでした。ですから、生産量も年産高一〇万個くらいであろうと幸之助は思いました。良いものを安く作ればもっと売れるのではないかと思います。しかし、この開発は自分でやるのではなく、中尾（哲二郎）という数年前に入った技術に堪能な青年に任せることにしました。中尾は回想します。

「ある日、相談役（幸之助—引用者）が私にこんなことを言われた。『中尾君、アイロンを使ってみたんだが、たいへん便利だ。せっかく便利なものができたのに、この値段では誰もが使うというわけにはいかん。これをもっと合理的な設計で、進歩的な方法によって安価につくり、誰もが買え、その便利さの恩恵に浴するようにしたいがどうか』」

当時、師範学校を出て小学校へ勤めた先生というのは、給料が安くて、

昭和2（1927）年発売のアイロン

たいてい二階で間借りしていました。そういう人々が買えるアイロンを作りたいというのでした。それには二円五〇銭にしたいといいます。

幸之助は、この数年前、アメリカの自動車王ヘンリー・フォードの伝記を読み、それに大きな感銘を受けていました。後に、事業家としての自分の考え方はこれで非常に成長したと語っています。大量に生産することでコストをさげ、値段を安くして皆が買えるようにするというフォードのやり方に強く影響を受けたのでした。アイロンの製造着手の背景にはこの考え方がありました。

しかし、まずは、合理的な設計で安価にできる、しかも品質のよいアイロンを開発しなくてはなりません。

君ならできるよ

開発を任された中尾はいっています。

「私は、他の工業のことは一応常識として知っているけれども、電熱器に対しては全く素人だったので『それはできない』と答えた。しかし『君ならできるよ』と受けつけてくれない。そのとき私は二十五歳くらいだったけれども、それが一種の暗示といいますか、催眠術にかけられたようになって、意外とできるかもしれないという気持ちにな

松下電気器具製作所の昭和2（1927）年のカタログ

り、『やらせてもらいます』と答えてしまった。それからはとにかく一生懸命勉強した。当時のことで電熱器の専門書もなく、参考書を読んで勉強したりして、心血を注いだ」

　その結果、失敗もありましたが、ヒーターを鉄板に包んだ新機軸の製品の開発に成功します。コストも工程に機械を導入することで低下させることでできます。しかし、そのためには月産一万個ほどを生産する必要があります。「当時の全需要が月一万個足らずであるのに、そこへ松下のみで月一万個も生産して果たして市場がこれを消化するかどうか」が問題です。

　幸之助は、「市場を静かに検討してみて、その数は決して乱暴な無定見な数字ではない」と結論します。価格が高いことがアイロンの普及のガンとなっているので、良い製品を安価にすれば売れるとの確信をもっていたのです。昭和二（一九二七）年四月、スーパー・アイロンというブランドで小売三円二〇銭で大々的に売り出しました。結果は、幸之助の予想を超えた好評となったのでした。

幸之助の市場ニーズを具体的に見極める（間借り住まいの小学校の先生が買える）優れた能力とフォードの影響を受けた事業の構想、中尾の工夫とが結びついた成功でした。

第三章　事業の発展

一、強い集団を作る

未曾有の不況

この昭和二年は、一般には金融恐慌*が起った年として有名です。銀行の破綻が相次ぎ、恐慌がきました。さらに、昭和四年にはニューヨーク証券取引所での大暴落、有名な「暗黒の木曜日」に端を発した世界大恐慌が起き、日本でも昭和恐慌という、明治以来、もっとも悲惨な恐慌がおきました。こうしたなかでも松下は、角型ランプやアイロンが好調で、順調に経営を拡大していました。しかし、昭和五年の年末になると、さすがに製品の売上が減少してきます。十二月末には倉庫に入りきらないほどの在庫がたまってしまいます。このままい

金融恐慌
昭和二（一九二七）年春、関東大震災の震災手形処理法案の審議で銀行の不良経営が明らかになると、台湾銀行など多くの銀行に預金者が殺到して預金を引き出し、銀行の休業、破綻が次々と生じ、恐慌となった。

昭和2（1927）年春、銀行の不良経営が明らかになると、多くの銀行に預金者が預金を引き出すために殺到した。

けば経営が行き詰まるのは火をみるよりも明らかでした。

　このとき、幸之助は病床にあり、代理で現場をみていた井植などの報告を聞いていました。井植*などは、売上が半分以下になったのだから、この際、生産を半減させ従業員も半減する以外ないと主張します。幸之助は病床に腕を組み、長い間、黙考し、しばしば落涙したといいます。しかしそうしているうちに幸之助は「不思議にも急に元気が出て、思案に余っていた打開の途が頭にひらめいた」のでした。

　それは、生産は半減するが従業員は解雇しない、工場は半日勤務とするが賃金は減額しない、その代り店員は休日を廃して在庫品の販売に努力すること、というものでした。半日分の賃金の損失は一時的なものであり、「松下電器は将来ますます拡張せんものと考えている時に、一時的とはいえせっかく採用した従業員を解雇することは、経営信念のうえにみずから動揺をきたすことになる」と考えたのでした。そういうと、あたかも冷静な計算で下した判断のようにみえますが、ここでもやはり、これまでの幸之助が度々そうだったように、窮地に追い込まれたことで「不思議にも急に元気が出」たことを重視すべきだと思います。経営が行き詰まりつつある中での勇断だったのです。

歓喜の渦

井植歳男
明治三十五（一九〇二）年～昭和四十四（一九六九）年。松下幸之助義弟。大正六（一九一七）年、ソケット作りから参加。後、松下電器産業株式会社の専務となる。昭和二十一（一九四六）年、松下を離れ、翌年、三洋電機製作所を設立。

「オッ、みなよう聞けよ。大将は泣いてはったで。よう聞けよ」

工場に帰り、この方針を伝える井植の顔も濡れていました。聞いた従業員は快哉を叫びます。工場幹部の一人は次のように回想しています。

「井植氏は小躍りする。……ウォーッ。歓喜。社内に垂れ込めた暗雲は瞬時に消し飛んだ。／……大将、よう言うてくれはりました。売りまっせ、やりまっせ。誰にやめてもらおうか。松下のためには鬼にもなろう、蛇にもなる。目をつぶって、解雇予定者リストを作った私である。その場で、こなごなに破り捨てた。こみあげる感動に、つき動かされる」

店員は、「熱意、火の玉と化して」販売に励みます。その結果、翌年の二月には在庫品は一掃され、半日作業は終わったのでした。幸之助は、「この考えなり、仕事ぶりなりが松下電器全員にとっても、どれだけ大きな体験となり信念となったかしれない。断じて行なえば必ずものは成り立つという力強い信念が、このとき植えつけられた」といっています。つまり、この出来事は単に技能を形成した従業員を解雇せずにすんだというようなことにとどまるものではありませんでした。危機に臨んで一体となって対処し、それを克服したことで、組織自体が強くなったことは確実でしょう。

昭和4（1929）年に竣工した第二次本店の様子（『松下電工50年史』）

組織を運営する

そして、昭和初期のこの頃には、そうしたことが幸之助には重要になってきていました。幸之助の事業はランプ、アイロンなどの成功でどんどん大きくなります。昭和三（一九二八）年には、住友銀行から資金を借り入れて新しい工場と本店の建設に乗り出しました。従業員数も昭和四年末には四七七名に達しました。

そうなると、幸之助が一人一人に直接、働きかける機会は少なくなります。当時、幸之助は、従業員からは「うちの大将」と呼ばれて敬愛されていました。「この大将について行ったら、まちがいない」とは思われていても、人間のこれだけの集団は幸之助一人の手におえるものではありません。どうなっていくかわからないという不安定な面をもちつつも、片方では条件次第では単なる個人の集計を超えた、とても大きな

昭和4（1929）年に定められた「綱領」と「信条」

力を発揮する可能性もあります。

事業経営としては、売れる製品の開発や販売の工夫などはもちろん重要ですが、規模の拡大とともに如何に従業員に働いてもらうかということが重要な課題になってきていたとみることができます。

また、松下の経営が拡大していくと、代理店も発展し、なかには将来を見通して松下に依存する方針をとるところもでてきます。代理店との共栄を図るためにも松下の経営責任は大きくなります。幸之助は、自分の商売が自分一人のものではなく、人様からの預かりものである、という思いを強くしていきます。公的な経営観念が生じたのでした。

昭和四年には、社名を「松下電気器具製作所」から「松下電器製作所」に改称し、経営の基本方針というべき「綱領」と「信条」を制定します。「綱領」は、「営利ト社会正義ノ調和ニ念慮シ、国家産業ノ発達ヲ図リ、社会生活ノ改善ト向上ヲ期ス」というもので、

「信条」は、各人の一致協力を訴えるものでした。

二、使命の自覚

宗教団体の衝撃

しかし、何といっても、松下の経営の転機として重要なのは、冒頭で挙げた昭和七（一九三二）年の事件でした。

そのきっかけは、幸之助がある宗教団体の本部を見学したことでした。昭和七年の初め、幸之助に熱心にある宗教を勧める人がいました。取引先でもあるその人は熱心に何度も幸之助に勧めます。幸之助は信仰の道に入る気はありませんでしたが、その熱心さにまけて一度参詣してみることにします。

昭和七年三月に、幸之助はその人とともに本部を参詣しました。その敬虔なありさまや人々の信仰、献身をみて、幸之助は強く感動、感激してしまいます。帰りの電車のなかで幸之助は考えます。あの宗教団体は人の集団という意味で経営と同じだ。しかも非常に優れた経営だ。

「立派な経営、すぐれた経営、そこに多くの人は喜びに充ちあふれて活躍している。

命知当時の執務の様子。（『松下電工50年史』）

真剣に努力している。自分だけでなく他人をもその喜びに引き入れんとするその熱心さ……真個の経営ということがしきりに頭に浮かんでくる」

家に帰っても考えはつきません。夜更けてますます考えは深くなります。そしてついにある転換を迎えます。

「某教の事業は多数の悩める人々を導き、安心を与え、人生を幸福ならしめることを主眼として全力を尽くしている聖なる事業である。われわれの業界はまた人間生活の維持向上のうえに必要な物資の生産をなし、必要かくべからざるこれまた聖なる事業である……われわれの事業も、某教の経営も同等に聖なる事業であり、同等になくてはならぬ経営である」

そして、単なる商道としての経営から脱却し、聖なる事業としての信念に目覚めねばならないと思いつきます。事業も宗教と同じように聖なるものだと考えたのでした。

水道の水

それでは聖なる事業としての経営、真個の経営とはどういうことでしょうか。その生涯をとおして幸之助がもっていた優れた資質の一つは、抽象的な観念を具体的な形に変えて表現することが巧みであったことでした。比喩に優れていたのです。このときもまさにそうでした。幸之助は、この晩、それは水道の水だと、思いつきます。

水道の水は、加工されたもので値がありますが、誰かが盗み飲んでもとがめられません。値あるものを盗めばとがめられるのが当然なのに、そして水道の水は貴重なものなのに、そうしたことがないのはあまりに豊富にあるからです。それは生産者の使命を教えているのではないか。つまり、「生産者の使命は貴重なる生活物資を、水道の水のごとく無尽蔵たらしめることである。いかに貴重なるものでも量を多くして、無代に等しい価格をもって提供することにある。かくしてこそ、貧は除かれていく。貧より生ずるあらゆる悩みは除かれていく」ということでした。

当時の日本はまだ発展の途上であり、所得格差は大きく、多くの労働者、農民は貧困にあえいでいました。人々の葛藤、病気なども、貧困に関連するところが大きいのでした。「貴重なる生活物資を、水道の水のごとく無尽蔵たらしめる」ことができれば、多くの人々の悩みを除き、幸福に導くことができる。それこそが生産者の真の使命なのでした。

「今までの私の経営、松下電器の経営もそれは単なる商習慣による経営にすぎなかったのだ。知らなかった。知らなかったと考えてくると、即刻真使命による経営にはいらねばならない」と、いてもたってもいられなくなりました。

創業記念日

しかも幸之助はこれを、単に従業員に伝えるというだけではなく、計画の形にしました。使命の達成期間を二五〇年とし、それを一〇節に分けます。第一節の二五年をさらに三期に分け、その第一期一〇年を建設時代とします。第二期の一〇年は活動時代、第三期の五年は貢献時代とし、この第一節二五年を幸之助らの世代の活躍の時代としたのでした。

この真使命を、冒頭にあげたあの五月五日、従業員を集めて説いたのでした。皆は感動し、熱狂します。そのすごさは、幸之助も「その反響の偉大なるにわれながら驚嘆した」ほどでした。午前十時に始まった式典は午後六時になり、閉会を宣言すると、それまで沸き立っていた雰囲気は静まり、万歳三唱と社歌の合唱で終わりました。

この日から、確かに松下という人間集団は変わりました。幸之助は「この日以来目にみえて団結の強きもののあるを覚えるようになった。そうして、一種特異な向上心に燃える気概を店員全体から感得し得られるにいたった」といいます。

経営の神様

幸之助は、某宗教から「使命」の尊さ、すごさを学習し、それを自らの組織に適用することに成功したのでした。事業者でこの宗教を信仰したり、見学した人は数多くいたことでしょうが、これほどこの宗教に触発された人は少ないでしょう。しかも、それから独特の使命を生み出し、かつそれを具体的な形で人々に訴え、多くの人々の人生を変えるというのは、あたかも新たな宗教の創始者のようにもみえます。後年、幸之助は「経営の神様」と呼ばれるようになりますが、この言い方は幸之助の人生を知ると微妙な言い回しであることが分かります。「経営」をうまくやるという意味で、神通力をもっていると考えるのが普通のとらえ方でしょうが、この五月五日をみると、幸之助には宗教者としての資質があると思うのです。

しかし、実はそれだけではありませんでした。これだけですと、人々は幸之助の使命の声明に感動し、熱狂したということになりますが、幸之助という人の奥深さは、これだけではつきません。そもそも幸之助の「その反響の偉大なるにわれながら驚嘆した」という人々の感動ぶりにたいする感想に、熱狂のなかにいながら冷静に観察する目を感じないでしょうか。

幸之助は、この熱狂のなか、突然立ち上がります。語調するどく、テーブルを叩き「ワシの命知に、これほど賛同してくれて、大変にうれしい。しかし、みんなが大きく感動しとるのに、素知らぬ顔をしとるものが二人おる。名を呼ぶ。壇上に出て来なさい」。それは、会場の後ろにいた年輩の幹部社員でした。彼らは、何もわれわれまでも加わるまでもあるまいと思っていたのかもしれませんが、幸之助は本気でした。幸之助の指導者としての「強さ」を見せつけた瞬間でした。幸之助は、宗教者ではなくやはり指導者なのでした。

朝・夕会と五精神

この第一回創業記念日の直後から多くの事業場で自然発生的に朝会・夕会が始まりました。使命達成の意気に燃える従業員たちが、使命を喚起し、毎日の反省を行なうために始めたものでしたが、昭和八（一九三三）年五月には全社の行事となりました。

幸之助は、朝会の終わりに合唱するものとして社歌を制定し（昭和八年二月）、続い

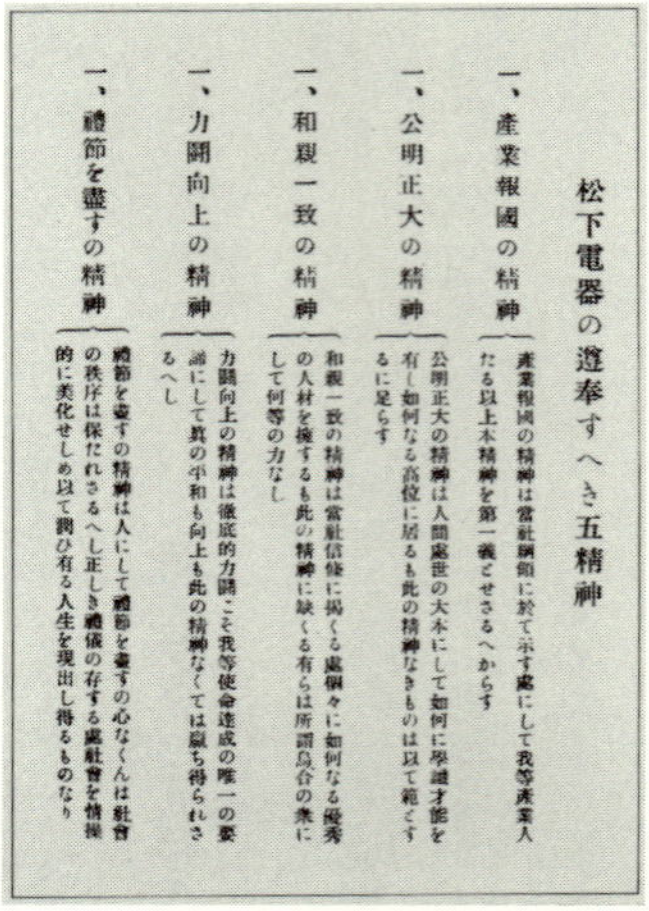

松下電器の遵奉すへき五精神

一、産業報國の精神　産業報國の精神は當社綱領に示す處にして我等産業人たる以上本精神を第一義とせさるへからす

一、公明正大の精神　公明正大の精神は人間處世の大本にして如何に學識才能を有し如何なる高位に居るも此の精神なきものは以て範とするに足らす

一、和親一致の精神　和親一致の精神は當社信條に掲くる處個々に如何なる優秀の人材を擁するも此の精神に缺くる有らは所謂烏合の衆にして何等の力なし

一、力鬪向上の精神　力鬪向上の精神は徹底的力鬪こそ我等使命達成の唯一の要諦にして眞の平和も向上も此の精神なくては贏ち得られさるへし

一、禮節を盡すの精神　禮節を盡すの精神は人にして禮節を盡すの心なくんは社會の秩序は保たれさるへし正しき禮儀の存する處社會を情操的に美化せしめ以て潤ひ有る人生を現出し得るものなり

昭和8（1933）年制定の「五精神」を伝える通達。

て同年七月、全員が遵守すべきものとして「五精神」を定めました（「産業報国の精神」、「公明正大の精神」、「和親一致の精神」、「力闘向上の精神」、「礼節を尽すの精神」）。朝会では、この五精神を唱和するのが習いとなりました。使命を喚起し続けるための仕組みを整えていったのでした。

この昭和八年には、松下は大阪の東北郊外の門真（かどま）地区に新しい本店と工場群を建設し、事業の本拠をここに移したのでした。

三、事業の多角化

ラジオ

「命知」の少し前、幸之助はラジオ製作に乗り出すことを決意します。幸之助の事業はプラグ、ランプ、アイロンと広がってきましたが、それらはいずれも電気器具でした。ラジオは、電気器具ではありますが、無線技術による製品で、今日のエレクトロニクスのもととなるものでした。つまり、ラジオへの進出は、この後、急速に発展することに

ラジオ放送開始頃のラジオ（坂本製作所・コンドル１号Ａ型、大正14（1925）年6月、逓信省型式証明第34号の２）。（『ヴィンテージラヂオ物語』）

なるエレクトロニクス分野に進出したことを意味することになります。

進出の動機は、それまでの製品の場合と同じでした。既存の製品を改良すれば大量に売れるという動機です。日本におけるラジオ放送の開始は大正十四（一九二五）年で幸之助もラジオを聴いていました。ところが度々、ラジオが故障します。当時のラジオは、部品品質が悪いこともあって、故障は珍しくありませんでした。そのときもラジオが故障して、幸之助が聴きたい放送が聴けませんでした。よく故障のおこる機械だと立腹した幸之助は（幸之助は怒りっぽいところがあります）、はたと思いつきます。故障しないラジオを作るべきではないのか。

市場調査をしてみると、ラジオは価格も高く需要の伸びも期待できるが、故障が多く扱いにくいということがわかりました。幸之助はラジオに進出することを決意しました。しかし、松下にはラジオの技術者はいません。そこで専門メーカーと提携して進出することにしました。

挫折

当時としては故障が非常に少ない製品を製造するメーカーであった北尾鹿治の二葉商会と提携して、昭和五（一九三〇）年十月、国道電機製作所株式会社を設立しました。北尾は、ナショナル・ミーズダインのブランドでラジオの製造販売を行なっていました。新会社の販売は松下の販売網を使って大々的に売り出しました。

ところが、幸之助にとっては実に意外なことに、製品に故障が続出し、返品の山となってしまいます。北尾の製品は故障が少ないはずなのにどうしたことだろうか。調べてみると、北尾の製品にはそれまでと違ったところはありませんでしたが、松下の販売先がラジオを扱った経験がなかったために、ちょっとした故障でも不良品として返品してきたのでした。ラジオ店であれば、多少の不具合は自分で直して販売したものでしたが、松下の取引先の電器店ではそうではなかったのです。ラジオ事業は思ったほど簡単ではありませんでした。

とすれば、解決の方向は、販売を修理もできるラジオ店に限るか、修理技術のない電器店でも扱えるような故障のないラジオを製造するかですが、幸之助は後者こそ本道だと確信します。時計をみよ、小さな形に複雑な機構を納めてほとんど故障しないではないか、ラジオでも故障絶無のものができるはずだ（ここでも幸之助の比喩の才能がでています）という信念です。大きな革新のアイデアは、しばしば局外者からでてきます。その場にいる人にとっては常識にみえることが、他の人にとってはとても奇妙なことに見えることがあります。この、ラジオを時計と比較するという幸之助の着想はそうしたものでした。

北尾は、当然、そうしたことは理解できません。ラジオというものは故障絶無とはいかない、だからラジオ店に販売するのが安全だといってひきません。当時の技術では、北尾のいうのが当然です。時計は機械加工、組み立てによる製品ですが、ラジオは電子部品によるエレクトロニクス製品です。部品のなかを電子が流れていくのですから、金属部品を組み合わせるのとは違って、不良がでるのは本来、やむをえないようなところがあります。しかも、当時の部品メーカーは零細業者が多く、粗製濫造を繰り返していましたから、部品品質は劣悪でした。当時のラジオ関係者は、ラジオは故障するのが当然と思っていたのです。

そこで、幸之助は提携を解消し、その会社と損失を引き受けて独自に新規巻き直しを図ります。

当選号

まず重要なのは、故障しないラジオを開発することです。しかし、松下にはラジオ技術者はいません。そこで、幸之助は中尾にその開発を命じます。中尾は、これまでやったことがないといって尻込みしますが、幸之助は「きっと君らによって立派なものがなし得られると確信する。だから断じてやりたまえ」と追い込みます。アイロンのときと同じでした。

おりしも、東京放送局では交流受信機の懸賞募集をしていました。中尾たちは開発しているラジオでそれに応募することにしました。懸命に開発にとりくみますが、そう容易ではありません。三ヶ月かけ、最後にはほとんど不眠不休で応募締め切り前日にようやくラジオを完成させることができました。その結果は、なんと、一等に当選したのでした。

これには幸之助自身も「私も内心実に驚いた」のでした。幸之助は喜び、勇躍、これを販売することにします。

代理店の難色

そこで、代理店を集めて製品の披露をしました。しかし、案に相違して、代理店はこの製品に難色を示します。まず、このラジオは音量が小さいということでした。当時、ラジオは交流化、つまり家庭の電源を使用できるようになったところでした。家庭用の電源を利用できると、それまでの電池によるものとは違って電力消費をあまり気にかける必要がありません。音量を初めて大きくできるようになったのでした。人々は喜んで大音量をだすようになります。なかには、わざわざラジオを窓際にだして通行人を驚かすというようなこともでてきました。これにたいして、東京放送局の懸賞募集では、こうした大音量は近隣に迷惑もかけるし余計な費用もかかるというので、もっと簡易な受信機を要求したのでした。当選した松下のラジオが音量が小さいのは当然だったのです。代理店は、「ラジオというものは、もっと大きな音が出んとあきません」と異口同音にいいます。

もう一つは、価格が高いということでした。当時のラジオ市場は粗製濫造的なそれでした。ですから品質は悪く故障は多かったのですが、反面、価格は低めでした。松下のこのラジオは四五円とやや高めでした。故障をなくそうということで部品品質も上質なものにこだわったことから原価が高く、しかもそれに適正利潤を加えていたからでした。この価格では売れないというのが代理店の反応でした。

幸之助は反論します。いまのラジオの価格は乱売によるものであり、メーカーの採算がとれるものではない。それは正しい経営ではない。正当な原価に正当な利潤を加えた価格で販売しなければ、正しい業界の発展と社会へ貢献することはできない。いま、百万円が自分にあれば、理想的工場を建設し、大量、安価にラジオを生産できるが、その準備が整わない。それができるまで、お互い、「松下と共存共栄でやるという心境になりきっていただいて」業界の堅実な発展のために努力してほしいと訴えたのでした。適正利潤を得ることの重要性、共存共栄の必要性を説いたのです。代理店は納得しました。

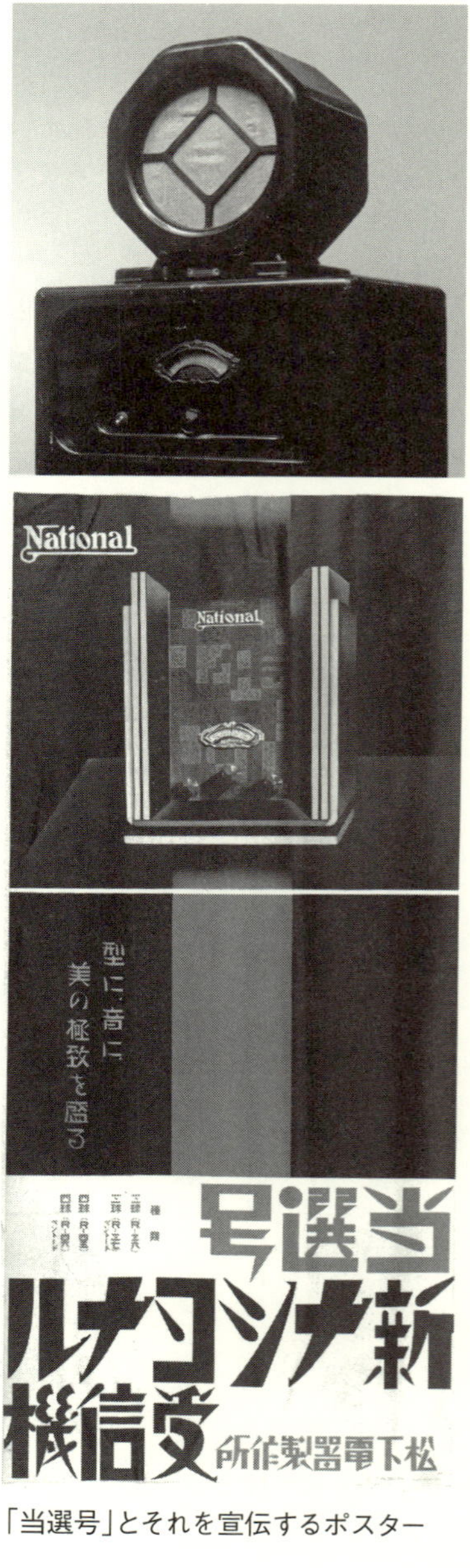

「当選号」とそれを宣伝するポスター

昭和4（1929）年竣工の第二次本店と工場（大開町）。この後、昭和8（1933）年7〜9月に、松下は大阪の東北郊外の門真地区に新しい本店と工場群を建設し、本拠を大開町から移した。

失敗

松下は、このラジオを「故障絶無」の「当選号」として販売します。幸之助の得意がうかがわれます。

しかし、代理店の危惧は的中しました。このラジオは品質は良いのですが、原価が高く、事業は赤字となります。松下単独の事業として開始後、一年余りたった昭和八（一九三三）年には累積赤字は一〇万円に達しました。前年の昭和七年のラジオ販売高は七七万円、松下全体の売上高も三〇〇万円でしたから、この赤字がいかに大きかったかが分ります。代理店の声の方がやはり正しかったのです。

この事業を続けるかどうか、続けるにはどうしたら良いかが問題となります。昭和八（一九三三）年七月、幸之助は「大開町本店に関係者一同を集め三時間にわたってラジオ事業進展への厳しい要望を出された。松下電器として実にラジオをやるかやらぬかの関頭に立った」のでした。

四、経営組織を工夫する

事業部制の創設

その解決の一つの方向は、経営組織の改革でした。幸之助は、この前から事業の経営の仕方について考えていました。事業は拡大し、複雑になってきました。しかも製品は多様化しています。どうしたらよいのだろうか。幸之助は製品別に管理したらよいのではないかと思いつきます。同じ昭和八（一九三三）年の五月に、第一（ラジオ）、第二（ランプ、乾電池）、第三（配線器具、電熱器など）の各事業部を設置し、各工場をその傘下においたのでした。

幸之助は以前から、自身が病弱だったせいもあって仕事を人に任せようとする性向がありました。幸之助は、トップにたつ人間は人の短所より長所をみることが重要だといいます。そして自分は、人の長所がみるのに九の力を使い、短所をみることに一の力しか使わないので時々、失敗するが、反面、安心して人に事を任せることができるのだといっています。この前の昭和二年にも「電熱部」を作って電熱器に進出する際に、友人の武久との共同経営にして武久に経営を任せました。ある事業を人に任せるというやり方は幸之助にとっては自然でした。

この事業部制の創設では製品別に責任者に事業を任せる体制を敷いたのでした。ラジオの第一事業部については、井植を部長にしました。

事業部制の改革

ちょうどその頃、他方ではラジオ事業の危機が明らかになりました。そこで幸之助は、同年七月、ラジオの第一事業部については、工場を管轄させるだけでなく、営業をも一緒にさせたのでした。生産と販売を一つの組織に統合して、市場のニーズを製造に直ちに反映できるような組織を目指したのです。

このような、事業を各製品別にわけ、その製造と販売を統合して損益を明らかにし、事業を経営管理するやり方を「事業部制組織」といいます。現在の企業の大半はこの原理を応用した組織をとっていますが、その始まりは一九二〇年代のアメリカの企業改革（デュポン、ＧＭなど）にありました。多くの日本企業の場合は、それらの成功から学習した結果を戦後に応用したものですが、松下の場合は幸之助の考えによって同様の組織を独自に作ったのでした。

昭和8（1933）年、経営の改革である事業部制の創設を説明する幸之助

市場の声を聞く

ラジオ事業の再建のもう一つの方向は、市場ニーズに基づいた製品の開発でした。昭和八（一九三三）年七月末に製品化したR四八は、高級受信機でしたが、感度・性能とデザインの良さで発売と同時に全国で絶賛を博した大ヒット製品となりました。最初の製品が感度や音量で失敗したのとは対照的でした。

しかし、当時の市場の大半はこうした高級機を求めているのではなく、安価な製品が中心でした。最初の製品はこの価格の点で問題があったわけですが、ここでも松下は思い切った手にでました。七円五〇銭という、驚異的な低価格のシャーシ（受信機の枠組み台と部品だけのもの）を発売したのです。

この製品を開発するとき、部長の井植と営業課長の藤尾は、自ら夜の大阪の小売店を転々と歩き回りました。これは「一体いくらにしたら売れるでしょう?」と聞いて回ります。店主は「他のメーカーは、一〇円ないし一二円で売っている。この配線済シャーシは大きな音でなるから一〇円前後の値段にすればよく売れるぞ」と教えてくれます。そこで、井植は七円五〇銭という思い切った価格付けにしたのでした。「綿密な市場調査と徹底したコストダウンにより、生み出した商品」でした。最初の「当選号」のときに、高価格を代理店に説得したのとはまったく逆の方向でした。

これも大ヒットとなり、工場はフル稼働となります。見事に、最初の失敗の経験から学んで市場のニーズに応えた製品開発に成功したのでした。故障のないラジオという幸之助の大きな方向は間違ってはいませんでしたが、それをより市場ニーズに即した製品で実現することになったのです。

このあとも松下は、次々と安価な製品を市場にだすことに成功します。松下のラジオ事業は、このことでまたたくうちに業界の首位の座を獲得し、昭和十年にはシェアは四〇%にも達しました。また、松下全体の事業にとっても、このラジオが主力となったのでした。

分権的経営組織の形成

このラジオの成功は、松下全体の組織にも大きな影響を与えました。生産と販売を統合した組織が有効であることが分かったからです。昭和九（一九三四）年三月には、幸之助は全社の組織をこの製品別に生産と販売を統合した組織にしました。さらに、翌昭和十年十二月には、松下は株式会社に組織変更しましたが、そのとき、各事業を分社化して、経営の分権化を徹底しました。松下電器産業株式会社が本社となって（払込資本

昭和8（1933）年に門真に進出した当時の松下電器製作所の全景

金は三〇〇万円）、九つの各分社（松下乾電池、松下無線、松下電器、松下電熱、松下金属など）の株式を所有し、統括するという仕組みです。

当時の日本では、三井、三菱などの財閥が大企業のトップに君臨していましたから、松下もそれと同じような組織となったのでした。事業開始以降、十数年にして松下も大企業の仲間入りをしたといってよいでしょう。

五、販売網を作り上げる

家電製品の流通

当時は日本でもようやく家庭に電気製品が普及を始めたところでした。早くから普及したのは電球で、昭和十（一九三五）年には日本の電球世帯普及率は八九％と世界のなかでももっとも高い部類に入っていま

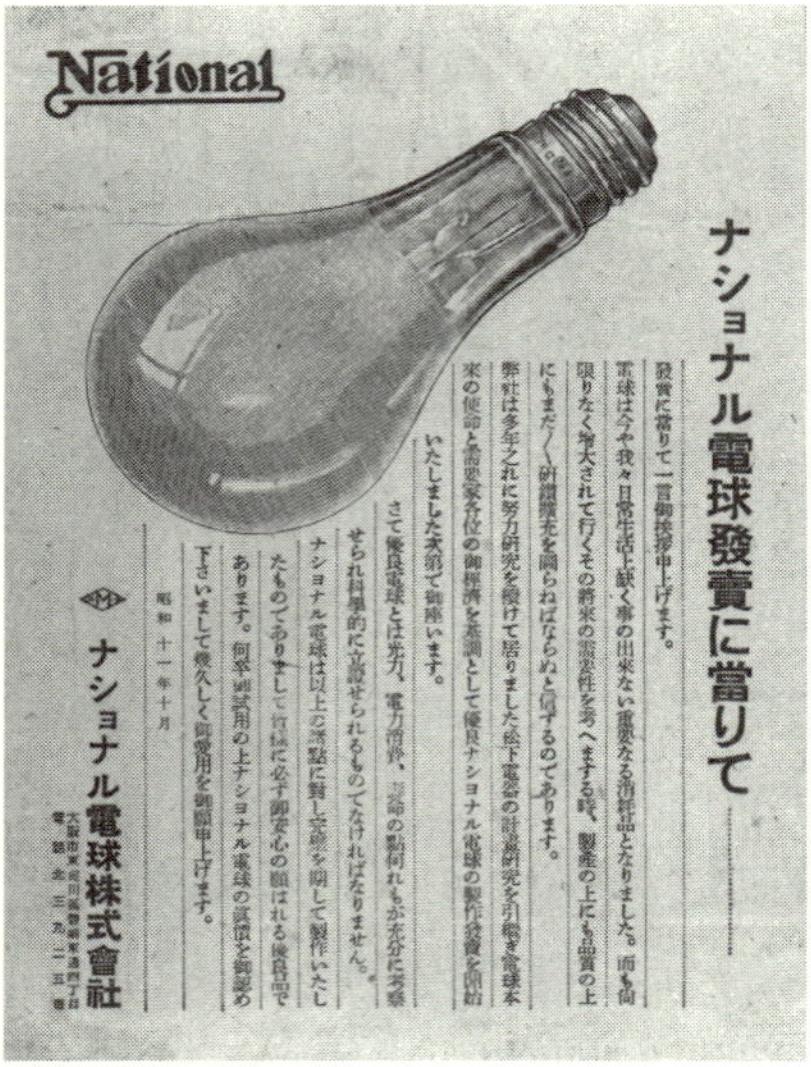

電球生産では東京電気（東芝の前身の一つ）が高いシェアを誇っており、進出は容易ではなかった。松下は昭和10（1935）年10月から電球販売を開始したが、翌年6月にはナショナル電球株式会社を設立した。

幸之助が執務した本店の所主室

した。他の家電製品の普及は遅れますが、アイロン、扇風機、ラジオなどもある程度、普及していました。ラジオの世帯普及率は、昭和十年末では一八％でした。家電製品の本格的な普及は戦後にまたなければなりませんが、そのきざしは既に現われていたのです。松下は、電球の東京電気（後の東芝）と並んで、こうした家電製品生産の先頭にたつ企業となったのでした。

家電製品の普及にとっては、幸之助がたびたび挑戦してきたように、新しい製品の開発や生産の革新が重要でしたが、流通システムの整備もその課題の一つでした。

例えば、昭和十年頃の電気製品の小売店は、「雑貨屋、駄菓子屋のすみに電球、傘、ソケットを並べてあるのが普通で」、「電気アイロン、ラジオ、電気扇（扇風機）などを売っている店はごく僅か」でした。店舗の面積は五坪（一〇畳）そこそこのものが多かったといいます。ほとんど零細商店だったのです。

卸業者も大小様々でした。大きな問屋はメーカーから直接、仕入れたり、また、製造を兼営していたりしましたが、零細な卸業者はその大きな問屋から仕入れて、小売店に卸しました。卸と小売を兼営する業者も少なくありません。メーカーから小売店の間は、業者が錯綜していましたし、代金の決済も様々だったのでした。

それをよく示していたのが、その頃の製品の多くには小売定価がついていなかったことです。メーカーは製品を作って自社の採算に合う価格で取引先に渡すだけで、その先は、卸業者や小売店がそれぞれの基準で値段をつけて販売していました。事実、昭和十年頃までのラジオの新聞広告をみると、定価がそれに記されていることは稀でした。

そうなると製品の値段は店ごとに違うことになり、各店は競争で値段を下げ、乱売に走りますし、お客の方では、だまされているのでないかという価格不信に陥ってしまいます。売買がうまく行われません。それが当時の状況でした。

正価で販売する

それはおかしい、と幸之助は考えます。当時、人気がでていた百貨店をみよ、百貨店で買物がしやすい理由の一つは価格が正しく表示されているからだ、価格をめぐって「駆け引き」をするのは時間と精力のムダではないか。この頃、他メーカーでも製品に小売定価をつける例が多くなってきました。

昭和十年七月、幸之助は製品の「正価」を公表し、正価で販売する運動を始めます。「正価」とは、「メーカーが製品原価に対してその事業経営に必要な最低利潤を加え、販売業者またこれに最低の利益を見積って、需要家に供給する合理的最低価格を指す」もので、かけ値なしの適正価格という意味でした。他メーカーが「定価」といっていたところを松下は「正価」としたのでした。

しかし、それを小売の末端まで実行するためには、製品の流通を整理しなくてはなりません。卸業者が自ら小売をしていたり、小売店に同じ松下の製品を扱う卸業者が競争で卸しているような状態では、そのことを定着させるのは困難なことは明らかです。

正価販売運動と踵を接して、昭和十年十一月、松下は「連盟店制度」を始めました。小売店に連盟店を募り、小売店は一つの代理店（卸業者）から仕入れるようにすることを目指しました。代理店間の競争を防ぐためです。また、代理店が小売店に販売するときの価格を統一しました。これでどこから仕入れても同一価格となりました。さらに、代理店の専売化（松下製品だけを取り扱う）も進めました。

従来の混乱した流通経路を整理し、系列化を進めていったのです。連盟店の数は昭和十六年末には一万を超えました。

昭和10（1935）年ころの代理店、川辺電器硝子商店。看板に「松下電器製作所代理店」と大きく謳っている。

共存共栄

　こうした制度を確立していけば、流通業者は乱売にまきこまれることなく、安定した利益をあげることができますし、小売店は仕入れ先が一定するので管理も楽です。また、お互いに取引のかけひきに疲れることもありません。お客さんへのサービスに全力をそそぐことができます。また、松下も代理店、連盟店に商品情報を提供するのも効率的にできますし、販売の示唆を与えることも容易になります。メーカー、卸業者、小売店のそれぞれの努力がよい方向にむいていくことができます。

　幸之助は、これこそ、当時よく言われていた「共存共栄」を図る道だと強調しました。「製造業者―配給業者（代理店）―小売業者が各個の使命を自覚し、三者一体の精神の下に相協力し、その使命を確守し邁進する限り、堅実なる発展は自らそこにもたらされる」

と言いました。「（代理店に—引用者）お叱りを受けても、叩かれても、よし取引をせぬと憤慨されても、私はひたすらにご理解を願うことにつとめつとめて、販売、配給、製作三者の共存共栄の達成に、精進せなくてはならない」としたのでした。

「一商人タルノ観念ヲ忘レズ」

この時期、流通網の整備に着手したのは松下だけではなく、それに次ぐラジオ・メーカーであった早川金属工業（後のシャープ）なども積極的でしたが、松下がそれにもっとも成功したことは確実です。昭和十三（一九三八）年頃には、松下のラジオは早川のそれよりおおむね一円、高価でした。松下は相次ぐ新製品の開発でブランド・イメージを確立するとともに、小売価格を維持できる仕組みを形成できたからでした。松下のラジオ事業の利益率は、ライバル・メーカーであった早川や山中電機よりかなり高いものでした。

流通網の整備に成功したのは偶然ではありません。幸之助は、早くから「これからはメーカーが市場を左右する時代である」という信念をもち、その方法をかねてから考えていました。販売の方法という点に人一倍、苛烈な経験と深い理解をもっていたからでした。

昭和十年末、松下は株式会社化し、事業を分社しましたが、そのとき「松下電器組織及基本内規」を定めました。その「第一章　総則」の最後は「松下電器ガ将来如何ニ大ヲナストモ常ニ一商人ナリトノ観念ヲ忘レス」となっています。これは、以前の「松下電器製作所店則」（昭和七年頃）にはありませんでした。当時の従業員数は三〇〇〇名に達しようとしていました。大きな組織とはなっても松下は「常ニ一商人」なのだということを更めて強調したのでした。

六、戦　争

軍需生産の本格化

昭和六（一九三一）年の満州事変から日本は戦争の時代に入っていましたが、昭和十二年には日中戦争が始まり、いよいよ戦争体制は本格化します。松下は家電メーカーでしたから、最初は軍事生産には比較的縁遠かったのですが、次第にそうはいっていられなくなります。とくに、ラジオを担当する分社であった松下無線株式会社は、その技術が軍事用通信機製造に通じるものでしたし、ラジオで大量生産に優れた能力を発揮していましたから、軍から注目されるのは当然でした。

昭和十三年から兵器部品の生産に着手しましたが、昭和十六年に太平洋戦争に入ってからは各分社、工場とも軍需品中心の生産体制となりました。

船も飛行機も

なかでも、松下としては異例だったのは、造船や飛行機製作にまで進出したことです。それは政府や軍の強い要請があったからでした。

昭和十八（一九四三）年四月には、船舶不足の深刻化から政府が計画した戦時標準船の建造依頼を受けて、松下造船株式会社を設立します。二五〇トンの小さな木船を量産しようとするものでしたが、松下には造船技術はありません。会社発足に合わせて数人の船大工を集めましたが、造船エンジニアはいません。直接の担当者は井植でしたが、幸之助も工場に泊り込んで陣頭指揮にあたりました。

その生産方式はユニークなものでした。ラジオでやっていた流れ生産方式を造船にも応用したのです。全体を八工程に分け、船を組み立てる船台をレールに乗せて作業が終わると各工程を移動させ、そのまま進水させるというものでした。なにしろ、軍の目標は一日一隻というものだったからです。

この流れ作業による造船方式の噂は広がり、皇族や大阪府知事が視察にきますし、海軍の造船技師たちも毎日のように押しかけてきて説明を求めました。

昭和十八年十二月、ようやく最初の船が完成して進水式を行うことになりました。注目を集めた流れ作業方式の進水ですから、見学者は政府や軍関係者など二〇〇〇人ほどがくると予想されていました。

もしうまく進水しなかったら松下は笑いものになります。井植は進水の予行演習をすることにしました。船に似せたやぐらがレールの上を滑り出します。水しぶきが上がり、見事、成功かと思った瞬間、突然、急停止してしまったのでした。井植は怒鳴ります。「おい、だれか調べてこい」。しかし、師走の寒風が吹き抜けています。誰も動こうとしません。その時、井植はものも言わずいきなり裸になると海に飛び込んでいきました。それを見た男たちが次々を後を追います。しばらくすると台車は動き出しました。海中に敷いてあるレールの継ぎ目がずれていたのを井植が直したのでした。井植歳男のリーダーシップを象徴する出来事でした。

翌日の進水式が大成功に終わったのはいうまでもありません。流れ作業方式も軌道に乗り、やがて六日で一隻できるようになりました。

この流れ生産方式による造船に注目して、海軍は松下に飛行機を作らせようとします。松下は再三、固辞しますが、遂に押し切られて、昭和十八年十月、松下飛行機株式会社を設立しました。木製飛行機を月産二〇〇機、製作する計画でしたが、松下にとっては

上は、昭和18（1943）年、松下造船株式会社建造の木造船の進水式。下は、松下飛行機株式会社製造の木製飛行機。（『松下電器50年の略史』）

造船以上に困難な事業でした。資材事情が悪化したこともあり、昭和二十年一月に第一号機の進空式を行いましたが、結局、終戦までに三機を生産したに止まりました。

かくして昭和二十年八月を迎えます。

第四章　戦後の苦難と再出発

一、苦　難

占領軍

昭和二十（一九四五）年八月十五日の玉音放送*は、幸之助は多少、予期していたとはいえ、やはり衝撃でした。しかし、幸之助が衝撃を受けたままでは松下は立ち行きません。幸之助は翌日、ただちに幹部を集め緊急経営方針発表会を開きます。民需生産に転換し、一致団結して日本産業再建に努力するよう訴えます。全従業員にたいしても、生産こそ復興の基盤であり、伝統の松下精神を振り起こしてもらいたいと檄を飛ばしました。

しかし、生産の順調な再開は容易ではありませんでした。物資の欠乏、インフレなど、日本全体がこの先、数年にわたって困難な過程を歩むことになりますが、松下の困難はそれだけではなかったのでした。

玉音放送
昭和天皇が朗読した終戦の詔書のラジオ放送。玉音とは天皇の声のこと。昭和二十（一九四五）年八月十五日正午に放送した。天皇の声がラジオ放送されたのはこれが最初だった。

焦土となった大阪（『写真集なにわの今昔』）

松下は、戦時中に軍事生産を本格化していましたが、そのことが問題となりました。占領軍のＧＨＱ（連合国軍総司令部）による様々な政策の対象になったのでした。

昭和二十一年三月には、松下は制限会社*の指定を受けます。財閥解体や賠償指定の準備措置でしたが、これで企業活動は許可された範囲内に限定されました。同六月には、松下家も財閥家族の指定を受けました。そうなると普通は社長を辞めなければなりませんが、幸之助は納得しません。「自分は断じて財閥などではない」。社長を辞めず、かえってＧＨＱにその措置の不当を訴え続けました。交通が思うにまかせないなか、五十数回にわたって東京にでかけ、抗議を繰り返したのでした。

しかしもっと深刻だったのは、昭和二十一年十一月に幸之助をはじめ常務以上の人々が公職追放*の指定を受けたことでした。戦時中の指導者を追放する措置で

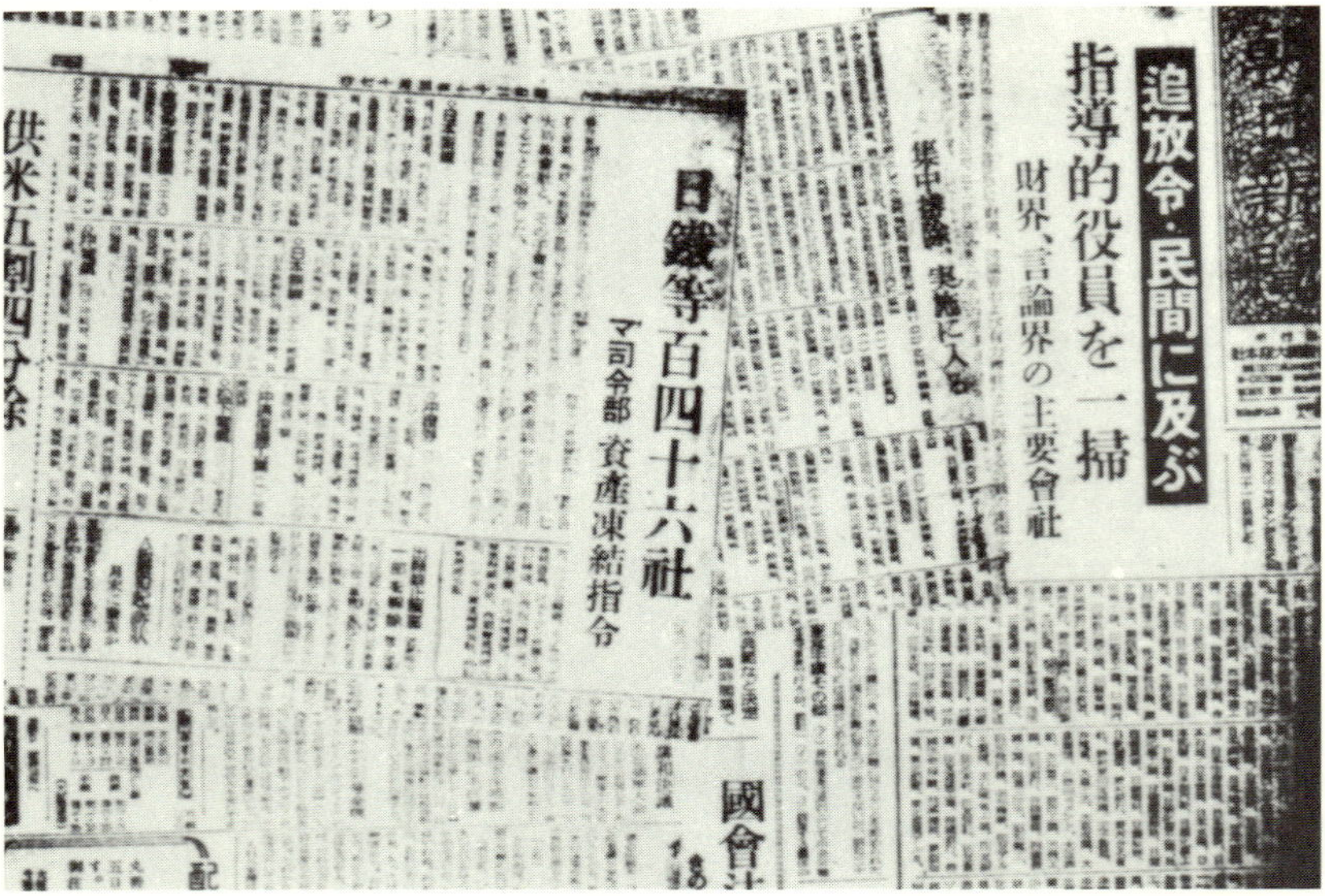
追放令・民間に及ぶ
指導的役員を一掃
財界、言論界の主要會社
集中排除、実施に入る
日鐵等百四十六社
マ司令部 資産凍結指令
供米五割四分余

松下電器などへの各種の制限を伝える新聞

したが、そうなるといよいよ社長をやめなければなりません。財閥家族の指定とは違って、これはまぎれのない措置だったからです。

同年十二月には、こうしたこととの関連で、それまで松下を幸之助とともに引っ張ってきた専務の井植、常務の亀山（武雄―幸之助の甥）が退社します。井植は、三洋電機を創立することになります。幸之助もひそかに辞める覚悟を決めたといいます。

おやじを助けよう

ところが、ここで思いがけないことが起ります。労働組合が中心となって、代理店などをも含め、幸之助の追放除外嘆願運動が起こったのでした。

戦後の労働改革で労働組合が一斉にできたことはよく知られています。松下でも昭和二十一（一九四六）年一月に労働組合が結成されたばかりでした。一月三

制限会社
昭和二十（一九四五）年一一月、財閥解体の趣旨に反して資本が分散・集中するのを防止するため、財産の処分や定款の変更などを大蔵大臣の認可を必要とするように指定された会社。

公職追放
昭和二十一（一九四六）年二月、公職追放令が出され、軍国主義者とみなされた者が公職から罷免および排除された。政財界、言論界まで拡大され、追放者は二十万名を越えた。昭和二十七（一九五二）年、追放令の廃止で全員解除となった。

十日がその結成大会でしたが、組合結成大会としてはまったく異例なことに、社長の松下幸之助が出席して祝辞を述べたいと申し出ます。もちろん、幸之助は招待などはされていませんでしたが、社長として祝辞をいうのは当然だと考えたのでした。僅か三分程度の短い祝辞でしたが、労働組合の協力を訴える祝辞に会場からは割れんばかりの拍手が起こったといいます。

この追放にたいして「うちのおやじをなんとかしないといかん」と組合が立ち上がります。他の会社では労働組合は経営者の責任を追及し、追放を叫んでいました。松下ではまったく逆のことが起ったのでした。それだけ従業員に慕われていたということはもちろんあるでしょうが、労働組合としても幸之助が追放されれば、松下の経営自体が危機におちいり、自分たちの生活が脅かされることは目に見えていたことが大きかったでしょう。松下は幸之助の会社だったのです。

労働組合は、組合員などの署名を集めて上京し、ＧＨＱや大臣、次官などに嘆願して回りました。これは、労資の対立が激化していたときでしたから、当局者には深い感銘を与える出来事でした。

これが功を奏したのか、幸之助の措置は翌年一月には、無条件追放のＡ項から審査をへるＢ項へと変更になりました。そして審査の結果は、追放非該当となったのでした。幸之助は松下の経営を続けられることになったのです。

上は、松下電器労働組合との労働協約の調印式。下は、社主追放指定解除の嘆願書。
(『松下電工50年史』)

二、最大の危機

企業の解体

しかし、この間、財閥解体の指定を受けて傘下の子会社三二社は分離独立することになりました。ラジオ、乾電池などの中核的な事業は戦争末期に産業本社に統合していたので助かりましたが、松下航空工業（戦後、松下電工と改称）、松下金属などの子会社との関係は切れたのです。昭和二十一（一九四六）年の末、各社が集まり解散式を行ないました。

それだけではありません。昭和二十二年の過度経済力集中排除法案では、松下電器自体も解体されることが明らかになりました。松下電器を解散し、各部門を独立した会社にする案をＧＨＱに提出します。翌二十三年二月には同法による指定を受け、解体案を持株整理委員会に提出しましたが、再分割を要求される始末でした。解体の危機が迫ります。

しかし、ちょうどその頃から占領政策は転換します。東西の冷戦の激化などから、日本経済の再建が重要となったからでした。昭和二十三年四月には、過度経済力集中排除法の適用寸前になって、その再検討が行なわれることになります。翌二十四年二月には、松下は指定を取り消されます。からくも解体は免れたのでした。

ＰＨＰ運動

こうした戦後の混乱は、幸之助には理不尽なことばかりでした。追放問題や企業解体問題もそうでしたが、そもそもの生産の復興でも、原料資材の価格は高騰し、賃金も引上げが続くのに製品価格は低い公定価格でした。それを守っていては損失が増えるばかりでした。「国民生活の復興のために、正しく法を守り、誠意を尽くして働いているのに、なぜ損をしなければならないのか……正直に働くものがみんな苦しみ、悪徳が栄えている」。どうしてこんなことになるのか。昭和二十二（一九四七）年にでた初めての政府の『経済白書』（『経済実相報告書』）も「正直者が馬鹿をみたり、まじめに働くものが損をしたりする現実」をなんとかしなければならないと指摘しています。

「どうしたら人間は苦しみをなくし、幸福になることができるか」、幸之助の思考は飛躍します。戦後の混乱の状況のなかから、人類の幸福と平和を達成する方途の模索へと向ったのでした。幸之助は、昭和二十一年十一月、「繁栄によって平和と幸福を(Peace and Happiness through Prosperity)」実現するために、ＰＨＰ研究所を創立し

ＰＨＰ運動の看板

ます。

繁栄、平和、幸福を達成する方途を研究し、社内はもとより広く社会にその実現を呼びかける活動を始めたのでした。

このＰＨＰ運動はその後いったんは活動を縮小しますが、幸之助は長くこの活動に打ち込むことになります。幸之助はもともと物事を深く考えるタチでしたが、戦前は、事業観や人生観を中心としていました。戦後はこの活動をとおして人間観や世界観、宇宙観まで踏み込んでいくことになります。幸之助にとって事業に成功することはもちろん意義のあることでしたが、人間の幸せそのものとは何かというところまで追求していくのでした。幸之助の価値観は、戦後の苦難の過程をとおることで大きく飛躍したのでした。

滞納王・松下幸之助

しかし、肝心の事業そのものは順調ではありませんでした。追放や解体は免れましたが、今度は経営自体の危機がやってきます。

昭和二十三（一九四八）年の春ころから政府は当時大きな問題となっていたインフレへの対策で財政金融の引き締めを始めます。その影響で売上が停滞し、資金繰りが悪化しました。同年秋には資本金は約五〇〇〇万円なのに、借入金が四億円、支払手形・未払金が三億円に達し、ついに給与を分割払いにせざるをえなくなります。よほど苦しかったのでしょう。この頃、幸之助は、幹部の一人に「松下電器ももう仕舞やな」ともらしています。

危機は、しかし、そんなものではすみませんでした。同年末からは、占領軍によって「経済安定九原則」が指示され、ドッジ・ライン*と呼ばれる厳しいデフレ政策が行なわれるようになったからです。借入金もできなくなり、支払手形の決済にも窮するようになりました。ついに希望退職者を募集し、工場を半日操業とせざるをえなくなります。資金繰りに困って、労働組合の闘争資金まで借りる始末でした。昭和二十四年末には物品税を大幅に滞納してしまい、日本一の滞納王として幸之助の名前が新聞、ラジオで報道されます。

昭和二十五年に入るともっとひどくなります。給与の分割払い、一部工場の閉鎖、休業、待命休職が相次ぎました。松下は、創業以来長い間、従業員を事業縮小のために解雇したことはありませんでした。ついにここでその余裕がなくなったのでした。従業員数は、終戦直後には一万五〇〇〇人いましたが、昭和二十五年三月には三五〇〇人に減少したのでした。

幸之助自身も生活費に事欠き、親しい友人に借金をして回るありさまでした。「まさ

ドッジ・ライン
戦後悪性化したインフレを鎮静化するためGHQの経済顧問として招かれたデトロイト銀行頭取J.ドッジが昭和二十四（一九四九）年二月から指揮した厳しい財政金融引締め政策。インフレを収束させ、一ドル三六〇円の単一為替レートを採用した。

にドン底、暗澹たる思いで日々をすごしていた」のでした。松下最大の危機といっていいでしょう。

三、再スタート

幸之助、アメリカへ

昭和二十五（一九五〇）年春、機構改革や人員整理でようやく経営は落ち着いたところへ思いがけない好景気がやってきます。朝鮮戦争の勃発（六月）でした。日本の多くの企業がそうでしたが、これで松下も戦後の本格的な再スタートをきることができました。幸之助は早くも七月には経営再建への決意を表明しました。この期には、戦後初めて配当、しかも三割もの高配当をだすことができたのでした。

経営が軌道にのると直ぐに、幸之助はアメリカへいくことにします。「戦後の苦難の中で、われわれが得たもののうちで、一番大きいのは」と幸之助はいいます。「われわれの視野が開けて、世界的になったこと」でした。

昭和二十六年一月、アメリカに向かいます。初めは一ヶ月の予定でしたが、結局滞在は三ヶ月に及びました。見るもの聞くもの感心することばかりでした。アメリカの女工の賃金が日本の社長の給料と同じだと発見しては驚き、公衆便所が綺麗なことにも感心します。アメリカの社会は日本とは比較にならないくらい豊かであり、それを支えているのは合理的な精神と民主主義だと納得します。

この後、幸之助は、数年の間に合計四回、アメリカ、ヨーロッパを訪れます。詳細に欧米社会を観察し、貪婪にその良いところを汲み取ろうとしたのでした。

昭和26（1951）年、初めてアメリカに旅立つ幸之助

外国企業と提携する

その成果は経営のいろいろなところに生かされました。労働組合への友好的な態度、高能率高賃金の主張、適正な販売利益を得ることの重要性、技術開発の重視などがありましたが、何といっても重要なのは、外国企業と技術提携を結んだことでした。

昭和二十七（一九五二）年、オランダ・フィリップス*と技術・資本提携契約を結びました。急成長しつつあるエレクトロニクス技術の導入を図ったのでした。当時、東芝は戦前から関係があったアメリカのＧＥ、ＲＣＡとの関係を復活させ、三菱電機もアメリ

フィリップス
白熱電球製造販売を目的に一八九一年、オランダで設立。後、真空管、ラジオに進出し、ヨーロッパを代表するエレクトロニクス・メーカーとなる。

昭和27（1952）年、フィリップスと提携の調印をする幸之助

カ・ウェスチングハウスとの提携を復活させていました。国産技術を標榜していた日立もＲＣＡとの提携に踏み切っています。松下がフィリップスと提携するのはその意味では自然でした。子会社の松下電子工業株式会社を設立し、エレクトロニクスへの取り組みを強化したのでした。

経営の細分化

経営の仕組みの面では、戦後、幸之助が強調したのは、経営の細分化ということでした。幸之助は早くから事業部制を創設するなど、人に事業をまかせる傾向がありましたが、戦後にはそれがいっそう強まります。早くも敗戦後すぐの昭和二十（一九四五）年十一月の臨時経営方針発表会で、経営の細分化、専門化をうちだします。人々が愉快に働くためには経営の大きさを限定し、能力を発揮させることが重要だと考えたのでした。昭和二十五年には事業部制を復活させます。

アメリカ体験で、幸之助はいっそうこの点についての確信を深めます。アメリカでは専門細分化が進んでいて、それが繁栄の一因となっているのだとあらためて確認したからでした。幸之助は、事業が拡大するにつれて事業部を細分化し、事業部の数を増やしていきます。昭和二十五年には三つだった事業部は、昭和二十九年には一〇に、昭和三十九年には三六へ、昭和四十九年には六五にもなります。

後に、松下は「連邦経営」とよばれるようになります。その意味は、松下電器は巨大だが、その中身は自主的な経営単位である事業部が数多く集まった、いわば中小企業の集まりであるということでした。戦後の松下の急速な経営拡大は、こうした自主的な経営単位である事業部が数多く生れ、それぞれが力強く成長することによっていたのでした。

第五章　世界の松下へ

一、明るいナショナル、何でもナショナル

家電ブーム

昭和二十年代の末頃から、様々な家電製品が家庭のなかに入ってきます。そもそも日本人の家庭には家具らしいものはあまりありませんでした。戦後は多くのモノが家のなかに入ってきます。その代表が家電製品でした。その背景には、電気・電子技術の革新がありましたが、もう一つ、戦後の日本では、財閥解体や農地改革、労働改革の結果、農民や労働者が豊かになって所得格差が小さくなったということがありました。後に、一億総中流と呼ばれたような社会のあり方でした。

もちろん、昭和二十年代にはまだ人々は豊かではありません。しかし、だんだん暮らしぶりはよくなっていきました。長い戦時中の苦難、戦後の混乱からようやく明るい明日が見えてきたのでした。それを象徴するのが家庭の電化でした。そしてそれは、みん

洗濯機、テレビ、冷蔵庫は次々と普及し、当時、「三種の神器」と呼ばれた。

ながひとしなみに豊かになっていくことを具体的に表すモノでした。

最初普及したのはラジオでしたが、続いて電気洗濯機、テレビ、電気冷蔵庫が普及します。このあとの三つは、当時、「三種の神器」とよばれて、高額ではありましたが皆が競うようにして購入したのでした。そのほか、炊飯器や掃除機も普及しました。

松下は、いちはやくこの波をつかまえます。「明るいナショナル・何でもナショナル」という宣伝は、人々の気持ちを捉えました。松下電器の売上高は急速に伸びていきます。昭和二十八（一九五三）年には一三九億円だった販売高は、昭和三十五年には一〇〇〇億円を超え、昭和三十八年には二〇〇〇億円も超えたのでした。

ブームの落とし穴

もちろん、順調なことばかりではありません。家電製品の需要は爆発的に伸びましたが、すべてのメーカーがそれで成長できたわけではありません。むしろ逆です。有力なラジオメーカーの多くはテレビの急成長にはついていけませんでした。多くのメーカーはこの過程で淘汰されていきます。市場の急成長の過程は、企業破綻の過程でもあったのです。

困難な問題の一つは流通にありました。戦後の家電流通では、松下をはじめ、多くのメーカーは流通を系列化していきました。多くの代理店（卸業者）を専売化し（松下の製品しか扱わない）、そのもとに同様に専売化を目指した小売店を配置していくシステムを形成したのでした。さらに、代理店を集めて地域の販売会社を設立していきました。メーカーの営業所から販社、小売店へと製品と情報が流れる仕組みを形成したのでした。消費者にまだなじみのない製品、しかも高価で故障しやすいそれを販売していくには、よいシステムでした。しかし、この流通網を形成するには小売店の経営を自分の製品だけで維持できるように多様な家電製品を供給でき、しかも資金力が豊かな企業でないとだめです。松下はこの点で抜きんでていました。松下の連盟店（小売店）の数は、昭和三十七（一九六二）年には四万店にも達します。

しかし、問題はこれだけでは解決しませんでした。急速な成長の過程では、需要に供給を合わせるのは容易ではありません。市場の伸びや変動が大きくなるからです。生産は少なめになったり、逆に多くなったりします。当時、家電市場では乱売や異常な価格値下げが大きな問題になりました。市場の変動が大きく、かつ製品の技術革新が激しいのでこうしたことが生じがちなのでした。ともすれば、破綻も起りやすい市場だったのです。

熱海の訴え

昭和三十年代後半に不景気がくると、流通での問題は大きくなります。松下でも昭和三十九（一九六四）年には販売会社一七〇のうち、利益を上げているのは僅か二十数社という状態になります。松下電器自体もこの年、昭和二十五年以降で初めて減収減益となりました。

いったい何が問題なのか、昭和三十九年、幸之助は、現場の意見を聴くべく熱海で全国の販売会社、代理店との懇談会を開催しました。そこでできた話は、しかし、幸之助の予想をはるかに上回る厳しいものでした。いっせいに苦しい経営の実情を訴え、松下から製品を押し付けられる、松下は官僚的になった、製品に特長がないなどの意見が続出したのです。流通の系列化を進めたことがかえって販売会社の自主性を奪い、松下への依存体質になってしまったことも問題なようにみえました。

当初二日間の予定の会は延長して三日目に入りました。それでも、松下への苦情は収まりません。幸之助は、このままで終わってはならない、と壇上にたちます。

「率直に言って、私はみなさんがたにも悪い点があると思う。……しかし、二日間十

昭和39（1964）年、熱海で開催された代理店との懇談会の模様。

分言い合ったのですから、もう理屈を言うのはよそうではありませんか。……結局は松下電器が悪かった」

幸之助は、昔、電球生産に参入し、販売を依頼して回ったときのことを思い出します。当時、松下の電球は相撲なら幕下くらいの存在でしたが、将来はきっと横綱になるといって販売を頼んだのでした。当時の代理店はそれを了承し、販売に協力しました。松下の電球はやがて名実ともに横綱に育ったのでした。

「今日、松下電器があるのは、本当にみなさんがたのおかげです。……これからは、心を入れ替えて出直したいと思います」と続けます。幸之助は、万感胸に迫り、思わず目頭を熱くして絶句してしまいます。

気づいてみると、聴衆の多くもハンカチで目を拭いていました。会場は粛然とし、それまで攻撃的だった雰囲気はガラリと変わりました。「われわれも悪かった。これからはお互いに心を入れ替えて、しっかりやろう」という人が続出したのでした。

ああこれは三十二年前の創業記念日にも起こったことだな、と思われることでしょう。あるいは、もっと前、丁稚のときに初めて自転車を売った場面を思い起こされるかもしれません。幸之助の人を動かす資質がまたも現われた一瞬でした。

幸之助、再び一線にたつ

しかし、この場合は一同がその気になったからといって具体的な問題が解決するわけではありません。何らかの対策をたてねばなりません。

幸之助は、このとき既に社長をやめて会長となっていました。経営の一線からは退いていたわけです。しかし、幸之助は自ら営業の第一線にたつことを決意します。これまでもたびたび、経営に何か問題が生じると幸之助は現場の指揮にあたってきました。このときもそうでした。しかし、幸之助は既に七十歳です。幸之助の決意のほどをうかがうことができます。

幸之助は、営業本部長代行となります。残っていた代理店を販売会社に切り替え、担当地域を厳密に定めるなど販売網のいっそうの系列化を進め、月賦販売制度も改善します。他方、事実上、生産工場となっていた事業部に販売会社への直販を行なわせ、製造、販売の一貫した責任を負わせます。流通を整理し、援助を強化するとともに押し込み販売のようにならない体制を形成したのでした。

このとき、幸之助は売上の三割減、利益二年間ゼロを覚悟したといいますが、結果は逆でした。昭和四十年代にはいっそう急激に売上高は伸び、昭和四十八（一九七三）年にはついに一兆円を超えたのでした。

二、世界へ飛躍する

パナソニック

幸之助が初めてアメリカを訪れたとき、松下の製品をアメリカで売るにはどうしたらよいかと考えはしましたが、当時はそれは容易なことではないことは明らかでした。

最初にアメリカに売れたのはポータブル・ラジオでした。昭和二十九（一九五四）年、北米向けラジオ輸出の先陣をきって松下のラジオが海を渡ります。しかし、アメリカには「ナショナル」という名の電機メーカーがあったのでそのブランドは使えません。幾つかの候補のなかから、結局、「パナソニック」というブランドが選ばれます。パナは全体、拡がりを、ソニックは音を表していました。

ラジオは日本の電機メーカーの初めての本格的な輸出商品となりました。とくに松下

アメリカの有名雑誌『ライフ』の取材で、自社の家電製品に囲まれる幸之助。

は、他のメーカーが国内モデルを多少手直しして輸出するのが多かったのにたいして、現地市場のニーズをつかんで輸出向けモデルを開発しました。ニーズに即した製品開発という戦前以来の伝統がここでも生かされたのでした。当然、松下の輸出は伸びます。売上高に占める輸出の比率は昭和四十年代には二割程度にまで上昇したのでした。

しかし、輸出には様々な障害があります。発展途上国では自国の工業化を促進するため、輸入規制などを行なうことがしばしばでした。松下はそれに対処するために、現地での生産に乗り出します。昭和三十六年にタイで現地資本との合弁で生産拠点を設けたのを手始めに、台湾、メキシコなど、次々と同様の進出をしました。さらに、昭和四十年代末には、アメリカ、イギリスにも進出します。松下電器は、世界企業として成長していったのでした。

幸之助、世界へ

昭和三十七年、アメリカの有名な雑誌である『タイム』が幸之助と松下をカバー・ストリーでとりあげます。『タイム』は表紙にその時の人が取り上げられるので有名な雑誌でした。幸之助は一躍、時の人となったのです。アメリカでは、アメリカン・ドリームといって幸之助のように一介の丁稚から大会社の社長になるような人物に非常に興味をもつ文化があり、またそうした人を高く評価するのでした。同じように、昭和三十九年には写真を中心とした誌面で有名な『ライフ』誌が幸之助を大きくとりあげます。時あたかも東京オリンピックで、戦後日本の急速な成長が「日本の奇跡」として注目を集めつつありました。幸之助は、戦後日本経済の成功を象徴する人物として世界的に有名になったのでした。

アメリカの有名雑誌『タイム』の表紙を飾る幸之助。幸之助は世界的に有名となった。

第六章　たゆまぬ変革

一、巨大組織をどうするか

絶えざる成長

昭和二十五（一九五〇）年、戦後の再スタートの時には四〇〇〇人だった松下の従業員数は、昭和三十一年には一万人を超え、昭和四十二年には四万人に達します。昭和六十年には八万人となります。松下という組織は急速に巨大化したのでした。

しかも、こんなに急激に人が増えれば、他社での職業経験をもつ中途採用の人達が増えるのは当然です。松下は、学校を卒業してすぐ入社して松下精神のもとで養成されてきた人達ばかりではなく、多様な職業経験をもった人々の混成集団となったのでした。こうした巨大な混成集団を一つにまとめあげていくのは並大抵のことではないことはお分かりになると思います。その求心力の中心にいたのは幸之助でした。

前にあげた、規範としての産業人の使命、経営の仕組みとしての細分化などは、巨大組織を一つにし、成長させていくのに大きく寄与しました。しかし、何といっても幸之助のリーダーシップがこの点では決定的でした。

幸之助は、たえず高い目標や規範を設定し、その達成についての道筋を示し、人々を鼓舞し続けました。

高い目標を掲げる

例えば、昭和三十一（一九五六）年一月の経営方針発表会で幸之助は、「松下電器五ヶ年計画」を明らかにします。年々の売上高を三割ずつ伸ばしていこうという野心的な計画でした。幸之助は、これは必ず達成できるとして具体的な方針をも示して、各人の奮起を求めたのでした。結果は、一年も早く目標値を達成することができました。

また、昭和三十五年の経営方針発表会では、五年後に週五日制を始めることを発表します。いちはやくアメリカに倣おうというのですが、それはそう簡単なことではありません。企業間の厳しい競争のなかで週五日制を実施するには、仕事の能率をそれだけ高めなくてはならないからです。しかしこれも予定どおり、昭和四十年に実施しました。

いずれも、最初はとても困難と思われるような目標を掲げ、皆を驚かせます。しかし、幸之助はその目標の価値を説き、道筋を示し、皆を奮い立たせます。昭和七年の創業記

昭和35（1960）年の経営方針発表会の様子。5年後に画期的な「週５日制」を開始することを発表する。松下電器のすべての部門がその実施を一つの大きな目標として努力することになった。

念日で起こったことと類似のことが、繰り返されていったのでした。

次期社長は誰か

後継者を選ぶときも同様のことが起りました。幸之助は、六十六歳になった昭和三十六（一九六一）年、社長を退き、会長に就任します。後任の社長はそれまで副社長だった娘婿の松下正治がなりました。人々は、幸之助が予想外に早く経営の第一線から退いたことには驚きましたが、後任の人事は自然な流れでした。しかし、その次はそうではありませんでした。

昭和五十二年一月、エアコン事業部を統括していた山下俊彦は幸之助に呼ばれます。山下は、当時、二六人いた松下の重役のなかで下から二番目の序列にいました。何事かといぶかる山下に幸之助は、次期の社長になってくれと告げたのでした。山下は、ほとんど椅子から滑り落ちそうになり、「一瞬、松下氏はボケたのではないか」とすら思ったといいます。山下本人にとってはもちろん、幸之助以外の誰にとってもまったく意外な人事でした。山下は辞退し、幸之助が説得します。

東京オリンピックで金メダルをとった体操の山下選手の跳躍名にちなんで「ヤマシタ跳び」と呼ばれた異例の昇格人事はこうして生れました。幸之助は、序列にとらわれず

山下俊彦。昭和52（1977）年2月、第3代の社長に抜擢され、昭和61（1986）年2月まで務める。昭和13（1938）年、松下入社。パナソニックでは初めての創業家以外からの内部昇進による社長であった。

大組織を改革できる人材を選んだのでした。おそらく、例によって幸之助は深く考えたのだと思います。

山下は、期待にたがわず大胆な改革を押し進めました。事業の経営権を各部門のトップに委ねるなど、動きが鈍くなりがちな巨大組織の恒常的な改革を目指したのでした。

二、人間を問題にする

幸之助、引退

昭和三十六（一九六一）年、幸之助は社長を退き、昭和四十八年には会長も辞めまし

た。普通、大企業の経営者として十分に成功した人は引退後、どんな生活をおくるでしょうか。引き続き、何らかの格好で事業に関係したり、実業界の代表として活躍する人もあるでしょう。また、趣味の世界に生きたり、社会奉仕活動をする人もいるでしょう。

幸之助も、引き続き事業に関与することを止めたわけではありませんでした。しかし、他の点では幸之助は少し違っていました。昭和三十六年、社長を退いた後、いったん活動を停止していたＰＨＰ研究所の活動に携わるようになります。人間の本質や世界の平和についての研究をし、その考えをまとめて世に問い、よりよい世界を築くために運動を始めたのでした。

広がる視野、高まる目標

幸之助の問題はこうでした。人間はこれまで大きな進歩をしてきたのにどうして戦争や貧困はなくならないのだろうか。人間は結局、そういう不幸を繰り返す宿命にあるのだろうか。そうではない、と幸之助は思います。「人間の本質を正しく自覚するならば、人間の共同生活は必ず好ましいものになるのだ」というのです。

では、人間の本質とは何でしょうか。それを考えるには宇宙の本質にまで遡らなくてはなりません。万物が生成発展していくこと、これが宇宙の本質ですが、人間の本質は

ＰＨＰの勉強会の様子。寺子屋を彷彿とさせる。

そのなかでその万物を支配活用する王者としての素質を与えられているといいます。その本質を発揮すれば、真の平和も幸福も約束されているのです。

では、どうすればそれは実現できるでしょうか。それにはまず、人間のそうした本質をしっかり認識しなくてはなりません。その認識を高めるためには衆知を集めることが重要です。我執にとらわれない率直な心も必要です。

これを幸之助は「新しい人間観」と名づけ、それを実行する方法を「人間道」としました。それには、人間を含めて万物をあるがままに認め、適切に処遇してそれぞれを生かすことが重要です。調和共栄はそうして生れると幸之助は考えたのでした。幸之助の視野は宇宙にまで広がり、目標もより高くなったのでした。

多くのエリートを輩出した松下政経塾。

教育する

幸之助はまた、教育にも乗り出します。戦時中から戦後の激動の時代に幸之助は、いやというほど政治の貧困に苦しめられました。優秀な政治家、指導者を育てなければならないという思いが募ります。平和と繁栄を達成するにはそのことが一つのカギでした。

昭和五十四（一九七九）年、私財を投じ、財団法人松下政経塾を設立しました。全寮制で、専任の教員もカリキュラムもなく、理想の国家経営はどうあるべきか、各自仮説を立てて現場での体験を重ね、仲間たちと研鑽を積みながら自得していくという、大変独特な教育システムでした。自ら学ぶことを基本とし、現場経験を大切に切磋琢磨を繰り返すなど、幸之助の人生経験を色濃く反映していました。それでエリートを養成しようとしたのでした。事実、多くの国会議員、地方首長を輩出していくことになります。

第七章　幸之助の生と死

一、旅立ち

つきまとう死

幸之助の人生には、ある意味で常に死がつきまとっていたように思います。とくに若いころにはそのことははっきりしています。幸之助は早くから肉親を次々と失いました。七人いた兄弟も次々と病気で死に、幸之助が生れたときには十人いた家族が、二十六になったときには幸之助一人となっていました。しかも幸之助自身も病気がちです。次は自分の番ではないかと心の底では絶えず思っていたとしても不思議ではありません。

そしてこのことは幸之助の人生の節目になるような選択にも大きく影響しました。幸之助は、松下電器を創業することになった最初のきっかけであるソケット製造について、「もし私が頑健で、両親も健在、兄二人も早くこの世を去ってしまわず元気でいたとしたら、私の選んだ道はまた別のものになっていた」だろうと回顧しています。幸之助の大胆な選択、不屈の決意の背景には、安逸な現状を暗黙の前提にできない境遇があったとみていいと思います。

青春

ところが、戦後、五十歳を超えてから幸之助は、かえって健康になりました。六十歳を過ぎるころから体力の面では衰えを感じるようになりましたが、自らの健康や寿命についての考え方は、うってかわって肯定的なものになりました。肉体的には老いましたが、心は溌剌としていました。幸之助は、「青春とは人生の一時期ではなく、心の状態だ……理想が枯渇するとき人は老いる」というサミュエル・ウルマンの青春という詩が好きでした。

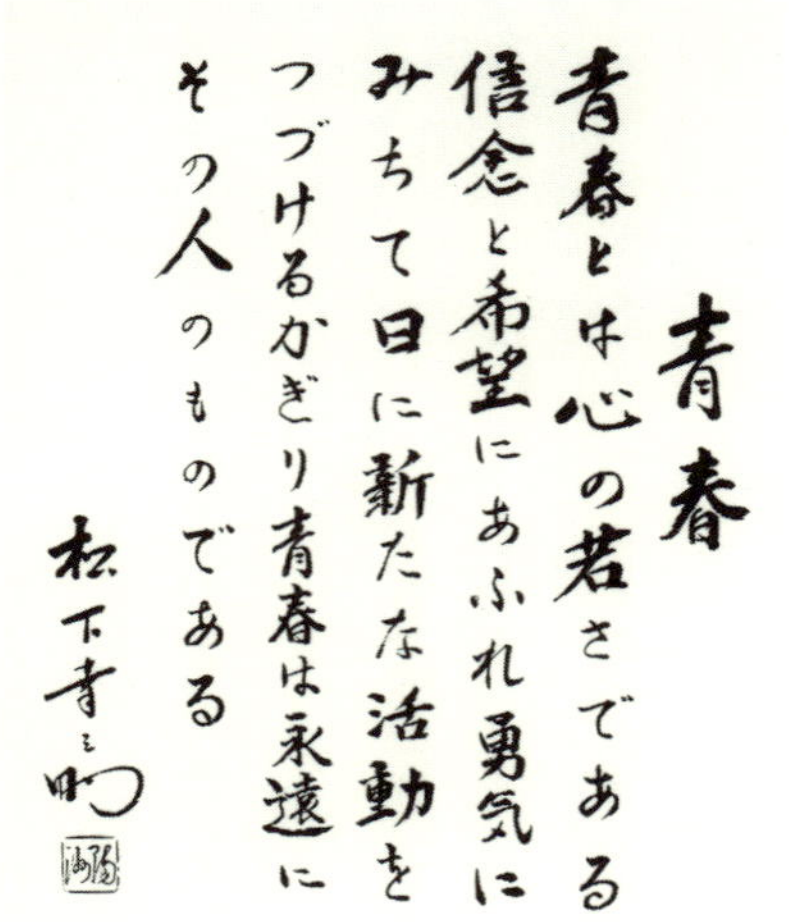
青春
青春とは心の若さである
信念と希望にあふれ勇気にみちて日に新たな活動をつづけるかぎり青春は永遠にその人のものである
松下幸之助

サミュエル・ウルマンの「青春」の色紙

しかし、八十代半ばにはおそらく若いころに患った肺の病気がぶり返します。肉体的な衰えは致し方のないことでした。

昭和の時代が終わってすぐの平成元年（一九八九）年四月、幸之助は高熱に見舞われました。同月二十七日、松下幸之助は静かに息を引き取りました。九十四年にわたる波瀾の人生はここに閉じられたのでした。

二、幸之助をふりかえる

劣位が優位を生む

これまで幸之助について書かれたものは膨大にあります。不遇な境遇から巨大企業を築き上げた幸之助の生涯に人々は興味を抱き続けてきました。幸之助はどうして成功することができたのだろうか、という問いは、これだけ多くのことが語られても、なおいまだ輝きを失っていません。ここでもそのことについて少し考えてみましょう。

九十歳になろうとしていた幸之助はこういっています。

「人生というものは、そのほとんどの部分がいわゆる運命というものによって決められているのではないか。……家が貧しかったために、丁稚奉公に出されたけれど、そのおかげで幼いうちから商人としてのしつけを受け、世の辛酸を多少なりとも味わうことができた。生来体が弱かったがために、人に頼んで仕事をしてもらうことを覚えた。学歴がなかったので、常に人に教えを請うことができた。あるいは何度かの九死に一生を得た経験を通じて、自分の強運を信じることができた。こういうように、自分に与えられた運命をいわば積極的に受けとめ、それを知らず識らず前向きに生かしてきた」

高名な経営学者、M・ポーターの言葉に「劣位が優位を生む」というのがあります。産業の競争力の仕組みについていった言葉ですが、幸之助の人生はその適例といってよいでしょう。資産も学歴もなく健康も才能も乏しい幸之助は、それだからこそ、それらを逆に生かす方途を発見し、成功したのでした。そういう人でも、あるいはそういう人だからこそ成功できるというのは、人々には大きな希望を与えるものです。幸之助の人気の一つはそうしたところにあるでしょう。

深く考える

しかし、資産も学歴もなく健康も才能も乏しい人は大勢います。どうして幸之助はそれを生かすことができたのでしょうか。もちろん幸之助の資質は重要です。一生懸命、真剣に働いたこと、あきらめなかったこと、創造性に富んでいたことなど、いずれも幸之助の人生の節目、節目で決定的な作用をしました。

そのなかでもここでとくに注目したいのは、深く考えるという資質です。幸之助は自分でもいうように、神経質でいろいろ考えをめぐらす人でした。夜も布団のなかで様々に考えるのを常としていました。その結果、他の人は思いつかないようなことを考えついたり、そのことを分かりやすい比喩で伝えるすべを得たのでした。

深く考え抜いた理念や分かりやすい比喩、思いがけない構想は、人の考えを刺激し、動かします。何といっても幸之助の人気の大きな部分は、この人々を変えていく力にあるといってよいでしょう。そしてその基礎には深く考える資質があったのでした。

学習する

しかし、深く考えると、ともすれば自分の考えに固執し独りよがりに陥りがちです。幸之助はそんなことはありませんでした。戦後の幸之助が強調したことの一つは、素直な心ということでした。私心のなく曇りのない心で事の実相をみるということを人間が知恵を磨いていくときの方法として強調したのでした。幸之助のもう一つの優れた資質は、この柔軟に他の人に学ぶことができるという能力だと思います。しかも幸之助はそのことの価値を自覚していました。

学ぶのは優れた人や経験からというにとどまりません。幸之助は敵も必要だといいます。相手がこうやってくるから、自分はこうしようと考えるということは、実は相手に教えられていることなのです。互いに教え教えられつつ進歩向上するのだといっています。

こうして学習し、しかもそれを深く考えて自分のものにしていけば、絶えず成長していくことができます。一つの経験が新たな意味を生み、次の行動に生かされていきます。判断の質は高まり、行動は優れたものになっていきます。幸之助は学習と深く考えることを繰り返すことによって成長していったとみることができます。

一つの謎

しかし、こうした個人の資質だけである人の成功は説明できるのでしょうか。

ここで少し視点を変えてみましょう。幸之助が最初に自分の事業を始め、それが挫折したとき、三人が残りました。幸之助自身と妻のむめ、義弟の井植歳男です。むめは別として、このうち幸之助は松下電器を巨大企業にし、井植は後に三洋電機を巨大企業にしました。どうしてそんなことが起り得たのでしょうか。それは不思議なことではないでしょうか。普通、幸之助の生涯を考えようとするとどうしても幸之助を中心に考えてしまいます。しかし、それでは事態を説明する態度としては十分ではないと思います。この二人の成功を考える際にも、この事実をも同時に説明できるような説明でないと意味がないように思います。そしてそのことを説明しようとすると、どうしてもあることに気付かされます。

それは、ある人の成功がその人の資質によると考えると、この謎は解けないということです。たまたま、非常に優れた資質をもった人間がこの三人のうちの二人だったという説明はまったく非現実的だからです。そうではなく、この事実は、二人の成功にとってはこのあとに起こったこと、おそらくは共通の経験やお互いの学習、あるいはお互いの補完関係が決定的に重要だったということを示しています。

つまり、幸之助の成功にとって資質は前に述べたように重要だったとは思いますが、決定的ではないということになります。おそらく、幸之助も井植も絶えず変わり、成長していったのだと思います。それぞれが学び、成長していったことが決定的だと考えれば、この二人が巨大企業をおこしていったことは奇跡ではなく、必然の結果となります。

危機を乗り越える

しかし、幸之助の人生はそんな順調なものではなかったことは、これまでの記述でよくお分かりいただけると思います。昭和二十五（一九五〇）年、五十代後半になるまでは危機の連続だったといってもいいすぎではないでしょう。丁稚のときの自転車販売から始まって、ソケット販売の失敗、自転車ランプの販売など、何度も進退は極まり、昭和恐慌、ラジオ事業の不振、戦後の苦難、経営危機など、幾度も危機が訪れました。そのたびに幸之助は深く考え、それまで思いもかけぬ新しい道を生み出してきました。幸之助自身、それは「まことに不思議なことだ」ったといっています。それは幸之助にとっては運命としかいいようのなかったことかもしれませんが、この度重なる危機があって初めて幸之助が成長したことは確かだと思います。

もちろんそれは、幸之助が成功を続けたという意味ではありません。失敗もまた多かったのです。失敗が危機を招くことが再三ありました。ただ、その度ごとに幸之助はあきらめず、知恵をしぼり、新しい力を発揮し、成長したのでした。幸之助と井植はこうして成長していったのだと考えることができます。

幾多の危機があったからこそ、幸之助と井植は大きくなっていったのでした。

幸之助の生涯

晩年の幸之助に「生と死」という短文があります。「人生とは、一日一日が、いわば死への旅路である」と始まり、「人はいつも死に直面している。それだけに生は尊い。そしてそれだけに、与えられている生命を最大に生かさなければならない」と続き、「おたがいに、生あるものに与えられたこのきびしい宿命を直視し、これに対処する道を厳粛に、しかも楽しみつつ考えたいものである」と結びます。

幸之助の人生をふりかえるとき印象的なのは、絶えず何かに挑戦し続けてきたということです。常に前に進もうとし、危機に遭遇し、人々を鼓舞し、さらに高い目標を掲げました。目標は変わることはありましたが、そのこと自体は変わりませんでした。「与えられている生命」のなかで終わりのない人生を生きたように思います。

引用・参考文献

■服部金太郎

『成功偉人名家列伝　第一篇』飯山正秀編　国鏡社　明治三十九年

『少年工芸文庫　第一五編時計』石井研堂　博文館　明治三十六年

『悲しき玩具』石川啄木　東雲堂　明治四十五年

『東京模範百工場』井関十二郎編　同文館雑誌部　大正五年

『時計工業の発達』内田星美　服部セイコー　昭和六十年

『日本人はいつからせっかちになったか』織田一朗　ＰＨＰ研究所　平成九年

『おじいさんの古時計』小島健司　三省堂　平成七年

『財界物故傑物伝　下』実業之世界社編　実業之世界社　昭和十一年

『日本企業の競争戦略』新宅純二郎　有斐閣　平成六年

『昭和初年の精工舎―腕時計の量産体制の整備（『日本時計産業史』研究ノート〔No.７〕）』
大東英祐　昭和五十七年

「時計工業の発展と服部時計店の所有と経営―服部金太郎と吉川鶴彦」大東英祐　『経営者企業の時代』森川英正編　有斐閣　平成三年

「服部金太郎翁の思ひ出『遺稿』」龍居頼三　『正道院様回想』弥生会編　弥生会　昭

和四十四年
『機械式腕時計生産の戦後技術史（『日本時計産業史』研究ノート〔No.8〕）』一寸木俊昭　昭和五十七年
『時計の社会史』角山栄　中公新書　昭和五十九年
『修養全集　第一〇巻、立志奮闘物語』野間清治編　大日本雄弁会講談社　昭和四年
『天ハ自ラ助クルモノヲ助ク　中村正直と「西国立志編」』平川祐弘　名古屋大学出版会　平成十八年
「精工舎」服部金太郎　『中外商業新報』明治三十六年五月七日
「如斯即断し如斯熟慮す」服部金太郎　『商工世界　太平洋』明治四十一年八月
「二朱の金に事欠きて奮然商人となりし予の奮闘」服部金太郎　『我半生の奮闘』井上泰岳編　博文館　明治四十二年
「予はどうして金を残したか」服部金太郎　『商業界』明治四十二年三月
「千円以下の少資本にて時計商を開業する法」服部金太郎　『実業之日本』明治四十二年六月
「遊廓の門前より逃げ帰りたる当時の危機」服部金太郎　『実業之日本』明治四十二年十月
「余は如何なる商略によりて今日あるを得たる乎」服部金太郎　『実業之世界』明治四

十二年十二月
「予が今日迄実行し来りし顧客吸収術」服部金太郎　『富の日本』明治四十三年六月
「余の店は丸焼けとなりたるも火にて焼けざりし守り本尊あり」服部金太郎　『実業之日本』明治四十三年四月
「常識は利益の門戸を開く鍵なり」服部金太郎　『富の日本』明治四十三年十一月
「月三十円の職工より年五千円取りの技師長になれる我工場の大黒柱」服部金太郎　『実業之日本』明治四十三年十二月
「気の利いた商人と程の善い商人」服部金太郎　『実業之日本』明治四十四年十月
「急がず休まぬ事」服部金太郎　『実業之世界』明治四十五年六月
「正直の二字が発展の機会を作った余の実験」服部金太郎　『実業之日本』大正二年十月
「百五十円の資本で商売を始て今日あるを得た其初めの原因は何か」服部金太郎　『実業之日本』昭和三年四月
「物事を見極める力」服部金太郎　『実業之世界』昭和五年二月
「国産時計の父　服部金太郎」土方省吾　『オール生活』昭和二十九年六月
『明治・東京時計塔記』平野光雄　青蛙房　昭和三十三年
『精工舎史話』平野光雄　精工舎　昭和四十三年

『服部金太郎翁伝覚書』平野光雄　城野喬　昭和四十六年
『一人一業伝　服部金太郎』平野光雄　時事通信社　昭和四十七年
『吉川鶴彦伝』平野光雄　城野喬　昭和四十八年
『時計亦楽』平野光雄　青蛙房　昭和五十一年
『服部金太郎翁伝余祿』平野光雄　セイコー時計資料館　昭和五十三年
『徳の人・智の人・勇の人』藤原銀次郎　実業之日本社　昭和三十年
『明治宝鑑』松本徳太郎編　明治二十五年
『東京商業会議所会員列伝』山寺清二郎編　聚玉館　明治二十五年
『服部金太郎伝―東洋の時計王』和田政雄　報国社　昭和十四年

■松下幸之助

『松下幸之助大事典―昭和人間記録』池田政次郎監修　産業労働出版協会　平成元年
『松下連邦経営―不況を知らぬ企業の秘密』石山四郎　ダイヤモンド社　昭和四十二年
『命知の国際経営』石山四郎　学習研究社　昭和五十六年
『日立と松下』上、下　岡本康雄　中公新書　昭和五十四年
『経済実相報告書』経済安定本部　昭和二十二年
『限りなき魂の成長―人間・松下幸之助の研究』ジョン・P・コッター　高橋啓訳　飛

鳥新社　平成十年
『叱り叱られの記』後藤清一　日本実業出版社　昭和四十七年
『松下電器・営業史（戦前編）』小林圭司編　松下電器産業株式会社社史室　昭和五十四年
『拝啓松下幸之助殿―つくられた神話への提言』斎藤周行　一光社　昭和五十一年
『松下幸之助・成功への軌跡―その経営哲学の源流と形成過程を辿る』佐藤悌二郎　PHP研究所　平成九年
『松下グループの歴史と構造―分権・統合の変遷史』下谷政弘　有斐閣　平成十年
「松下電器ももう仕舞いやな」諏訪雅男　『松苑　松下幸之助創業者とともに』松下電器客員会　平成十五年
『志伝・松下幸之助』大久光　波書房　昭和六十三年
『松下幸之助に学んだもの』高橋荒太郎　実業之日本社　昭和五十四年
『ヴィンテージラヂオ物語』田口達也　誠文堂新光社　平成五年
『私の流通人生』谷口正治　私家版　昭和五十九年
『私の履歴書―昭和の経営者群像3』日本経済新聞社編　日本経済新聞社　平成十四年
『私のなかの親父・松下幸之助―丹羽正治経営覚え書』丹羽正治　波　昭和五十二年
『松下幸之助の見方・考え方―ビジネスの王道はこうして歩め！』PHP研究所編　同

社　平成十八年
『松下幸之助発言集』第一～四五巻　ＰＨＰ総合研究所研究本部「松下幸之助発言集」
　編集委員会編　ＰＨＰ研究所　平成十三～十五年
『日本のテレビ産業』平本厚　ミネルヴァ書房　平成六年
「松下のラジオ事業進出と事業部制の形成」『経営史学』第三十五巻第二号　平本厚
　平成十二年九月
「戦前戦時期松下の分社経営」『経営史学』第四十二巻第四号　平本厚　平成二十年三月
『戦前日本のエレクトロニクス―ラジオ産業のダイナミクス』平本厚　ミネルヴァ書房
　平成二十二年
『井植歳男の事業と人生』福田兼治、日本実業出版社、昭和四十四年
『松下幸之助の研究―終身現役を支えるものは？』プレジデント編　プレジデント社
　昭和五十五年
『滴みちる刻きたれば―松下幸之助と日本資本主義の精神』第一部～第四部　福田和也
　ＰＨＰ研究所　平成十三～十八年
『仕事の夢・暮しの夢』松下幸之助　実業之日本社　昭和三十五年
『私の行き方　考え方』松下幸之助　実業之日本社　昭和三十七年
『物の見方　考え方』松下幸之助　実業之日本社　昭和三十八年

『なぜ』松下幸之助　文藝春秋　昭和四十年
『道をひらく』松下幸之助　ＰＨＰ研究所　昭和四十三年
『指導者の条件―人心の妙味に思う』松下幸之助　ＰＨＰ研究所　昭和五十年
『人間を考える―新しい人間観の提唱・真の人間道を求めて』松下幸之助　ＰＨＰ研究所　昭和五十年
『経営のコツここなりと気づいた価値は百万両』松下幸之助　ＰＨＰ研究所　昭和五十五年
『人生心得帖』松下幸之助　ＰＨＰ研究所　昭和五十九年
『人生談義』松下幸之助　ＰＨＰ研究所　平成二年
『創業三十五年史』松下電器産業株式会社　昭和二十八年
『松下電器五十年の略史』松下電器産業株式会社　昭和四十三年
『社史松下電器激動の十年　昭和四十三年～昭和五十二年』松下電器産業株式会社社史室　昭和五十三年
『飛躍への創造』松下電器産業株式会社ラジオ事業部　昭和五十六年
『たゆみなき創造―松下電器労組20年のあゆみ』松下電器産業労働組合　昭和四十一年
『松下電工50年史』松下電工株式会社　昭和四十三年
『難儀もまた楽し―松下幸之助とともに歩んだ私の人生』松下むめの　ＰＨＰ研究所

平成六年
『誰も書かなかった松下幸之助—三つの素顔』水野博之　日本実業出版社　平成十年
『いまだからこそ、松下幸之助—信念の経営を追い続けた悠久の人』吉田時雄　ティビーエス・ブリタニカ　平成三年
『ラオックス50年史』ラオックス株式会社50年史編纂委員会編　昭和五十六年

■写真提供・取材協力（順不同、敬称略）

セイコーホールディングス株式会社
セイコー時計資料館
パナソニック株式会社

情熱の日本経営史シリーズ刊行の辞〜今なぜ、日本の企業者の足跡を省みるのか

本シリーズでは、日本の企業と産業の創出を担った企業者たちの活動を跡づけている。企業者とは、一般に、経済や産業の大きな進展をもたらす革新、すなわちイノベーション(innovation)を成し遂げた人々をいう。ソニーの創業者である井深大《いぶかまさる》氏は、「インベンション(invention)というのは新しいものを作ればそれでよいが、イノベーションという場合は、作られたものが世の中の人々に大きく役立つものでなければならない」と述べた。日本の企業者の多くは、幕末・維新期以来、今日にいたるまで、自らの事業の創業やその新たな展開に際して、その営みが「世の中の役に立つこと」であるか否かを判断の要諦としてきたといってよい。そして、そうした社会への貢献を尊重する企業者の気高い思想こそが、日本におけるビジネスの社会的地位を向上させることになった。社会的に上位に置かれた企業者は、内発的な信条としても、また他者からの期待としても、その地位に応じた人格の錬磨と倫理性と、より大きな指導力の発揮を求められるようになった。いわば、企業者の社会的役割に対する期待値が、高められることとなったのである。

企業者に求められる指導力とは、財やサービスの提供主体たる企業組織の内にあっては、技術の進化と資本の充実をはかりながら、人々の情熱やエネルギーを高めて結集させることであり、そうした組織能力向上のためのマネジメント・システムを発展させることであったろう。他方、企業の外に向けては、あらゆる利害関係者（ステークホルダー）に対して、提供する財やサービスはもとより、それを生み出す自らの活動と牽引する企業組織が、いかに社会に役立つものであるかということをアピールすることが、まずもって必要とされた。そして、さらに、自らの企業者活動が、日本の国力の増大に貢献することを希求した。

ところで、そうした企業者の能力がいかに蓄積され、形成されたかという面をみると、本シリーズで取り上げた多くの企業者にいくつかの共通点を見いだすことができよう。家庭や学校での教育や学習、初期の失敗の経験、たゆまぬ克己心と探求心、海外経験や異文化からの摂取、他者との積極的なコミュニケーション、芸術や宗教的なもの(the religious)への強い関心、支援者やパートナーの存在、規制への反骨心、などである。これらの諸要素が企業者の経営理念を形成し、それを基礎に経営戦略やマネジメントの方針が構想されたとみられよう。

二十世紀末から今日に至る産業社会は、「第三次産業革命」の時代といわれる。大量の情報処理と広範囲の情報交換の即時化と高度化を特徴とするこの大きな変革は、今なお進展中である。時間と空間の限界を打破し続けるこの新たな変動のなかで、経営戦略はさらにスピードを求められ、組織とマネジメントはより柔軟な変化が求められてゆくであろう。そして、新たな産業社会の骨幹たる情報システムの進化のために、従来にもまして、人々の多大な叡智とエネルギーの結集が必要となってゆくであろう。と同時に、広範囲におよぶ即時の見えざる相手とのビジネス関係の広がりは、金融不祥事やライブ・ドア・ショックにみられるように、大きな危険をはらんでいる。こうした大きなリスクをはらんだ変革期の今日だからこそ、企業者や企業のあり方があらためて問い直されているのである。

本シリーズは、こうした分水嶺にあって、かつて日本の企業者がいかにその資質を磨き、いかにリーダーシップを発揮し、そしていかなる信条や理念を尊重してきたのかを学ぶことに貢献しようということで企画された。本シリーズの企業者の諸活動から、二十一世紀の日本の企業者のあり方を展望する指針が得られれば、望外の喜びとするところである。

佐々木　聡

著者略歴

平本　厚（ひらもと・あつし）

東北大学大学院経済学研究科教授。博士（経済学）。1950年、東京都に生まれる。1973年、東北大学経済学部卒業。1978年、東北大学大学院経済学研究科博士課程単位取得。東北大学経済学部助手、助教授、教授を経て、1998年より現職。著書に『日本のテレビ産業』（ミネルヴァ書房、1994年）、『戦前日本のエレクトロニクス』（ミネルヴァ書房、2010年）がある。

監修者略歴

佐々木聡（ささき・さとし）

明治大学経営学部教授。経営学博士。1957年青森県に生まれる。1981年学習院大学経済学部卒業。1988年明治大学大学院経営学研究科博士課程修了。静岡県立大学経営情報学部助教授などを経て、1999年より現職。著書に『科学的管理法の日本的展開』（有斐閣、1998年）、『日本の企業家群像』（共編著、丸善、2001年）、『日本的流通の経営史』（有斐閣、2007年）ほか、多数がある。

シリーズ 情熱の日本経営史⑦

世界を驚かせた技術と経営

2010年11月10日　第1刷発行

著者
平本　厚

発行
㈱ 芙蓉書房出版
（代表 平澤公裕）
〒113-0033 東京都文京区本郷3-3-13
TEL 03-3813-4466　FAX 03-3813-4615
http://www.fuyoshobo.co.jp

印刷・製本／モリモト印刷

ISBN978-4-8295-0496-3